Alfons Schweiggert

Weihnachten mit Sisi

Weihnachtserlebnisse
der Kaiserin Elisabeth

Alfons Schweiggert

Weihnachten mit Sisi

Die Weihnachtserlebnisse der Kaiserin Elisabeth

BAYERLAND

Bibliografische Information der Deutschen Nationalbibliothek

Die Deutsche Nationalbibliothek verzeichnet diese Publikation in der Deutschen Nationalbibliografie; detaillierte bibliografische Daten sind im Internet über http://dnb.dnb.de abrufbar.
ISBN 978-3-89251-542-5

MIX
Papier aus verantwortungsvollen Quellen
FSC® C014138

Für uns, die Battenberg Gietl Verlag GmbH mit all ihren Imprint-Verlagen, ist Nachhaltigkeit ein wichtiger Teil unserer Unternehmensphilosophie. Daher achten wir bei allen unseren Produkten auf den Einsatz umweltschonender Ressourcen und Materialien.
Dieses Buch wurde auf FSC®-zertifiziertem Papier gedruckt. FSC (Forest Stewardship Council®) ist eine nicht staatliche, gemeinnützige Organisation, die sich für die verantwortungsvolle und ökologische Nutzung der Wälder unserer Erde einsetzt.

Unsere Partnerdruckerei kann zudem für den gesamten Herstellungsprozess nachfolgende Zertifikate vorweisen:
- Zertifizierung für FOGRA PSO
- Zertifizierungssystem FSC®
- Leitlinien zur klimaneutralen Produktion (Carbon Footprint)
- Zertifizierung EcoVadis (die Methodik besteht aus 21 Kriterien in den Bereichen Umwelt, Einhaltung menschlicher Rechte und Ethik)
- Zertifikat zum Energieverbrauch aus 100 % erneuerbaren Quellen
- Teilnahme am Projekt „Grünes Unternehmen" zum Schutz von Naturressourcen und der menschlichen Gesundheit

Umschlagbild: Holzstich nach Franz Kollarz (1825–1894) „Weihnachtsabend in der Hofburg in Wien" aus: Über Land u. Meer, 45. Bd., Nr. 13, 1880, S. 253 (links: Erzherzogin Valerie, Kaiser Franz Joseph, Kronprinz Rudolf, rechts: Prinz Leopold v. Bayern, Erzherzogin Gisela, Kaiserin Elisabeth)

1. Auflage 2023
ISBN 978-3-89251-542-5

www.battenberg-gietl.de

Inhalt

Weihnachten in Ungarn und anderswo 1866 bis 1871

Allerlei Weihnachtsüberraschungen 1872 bis 1880

Weihnachten kalt und drückend 1881 bis 1886

Kaiserin Elisabeth in ihren verschiedenen Lebensaltern, historische Bildtafel

Kein Weihnachten ohne Sisi!

Prolog

Kurz vor Weihnachten 1955 fand die Uraufführung eines Films statt, der in ganz Europa ein Millionenpublikum in die Kinos lockte: „Sissi" – damals noch mit Doppel-s geschrieben – hieß der Spielfilm, der die erst 17-jährige Romy Schneider in der Titelrolle zum Star machte. Das Drehbuch dazu verfasste der Wiener Regisseur und Drehbuchautor Ernst Marischka, der auch die Regie führte. Nach der Welturaufführung am 21. Dezember 1955 in Wien griff das „Sissi"-Fieber auch auf Deutschland über, wo der Kinostart am 23. Dezember 1955 in München in einem Kino am Stachus stattfand. Bald bildeten sich überall in Europa vor den Kinos lange Warteschlangen und alle Besucherrekorde wurden gebrochen.

Zehn Jahre war damals der Zweite Weltkrieg vorbei und zumindest auf der Leinwand suchten die Menschen jene heile Welt, die in den beiden Weltkriegen zerbrochen war. Vom Erfolg des ersten „Sissi"-Films überwältigt, ließ Marischka noch zwei weitere „Sissi"-Filme folgen: „Sissi – Die junge Kaiserin" und „Sissi – Schicksalsjahre einer

Kaiserin". Auch sie wurden zu Publikumsmagneten und seither sind die drei Filme längst Weihnachtsklassiker und werden alle Jahre wieder meist zur besten Sendezeit am 24., 25. und 26. Dezember ausgestrahlt.

Manche fragen sich, warum die „Sissi"-Filme ausgerechnet an Weihnachten zu sehen sind. Zum einen deshalb, weil Sisi ein Weihnachtkind war, geboren am 24. Dezember 1837. Die Wiener Fiaker sprechen noch heute vom „bayrischen Christkindl". Zum anderen, weil vor allem weibliche Filmfans von der bezaubernden Romy Schneider in der Rolle der Sisi begeistert sind und ebenso von Karl-Heinz Böhm in der Rolle Kaiser Franz Josephs. Und zum Dritten, weil royale Events bis heute Hochkonjunktur haben. Mittlerweile ist der „Sissi"-Dreiteiler längst Kult geworden und für die Zuschauer mit einer Festtagsstimmung verknüpft. Manche stellen sich unter den Weihnachtsbaum sogar eine Sisi-Engelspuppe oder zieren mit einer „Christbaumkugel Sisi" den Baum. Gerne werden alljährlich am 24. Dezember Kinder und ihre Eltern in Erinnerung an Sisis Geburt in die Hofburg in Wien oder in Innsbruck zu einem Familientag mit einem speziellen Programm eingeladen, um ihnen das Warten aufs Christkind zu verkürzen.

Doch war Weihnachten im Hause Habsburg wirklich ein beschauliches Fest, bei dem Kaiser Franz Joseph I. mit Gemahlin und Kindern vor dem Christbaum in Harmonie miteinander feierten und sich der liebevoll ausgesuchten Geschenke erfreuten? Oder war es ganz anders? Anekdoten und Legenden, die den Eindruck vermitteln, in der Hofburg sei Weihnachten stets ein schönes Doppelfest gewesen und harmonisch verlaufen, sollte man mit Misstrauen begegnen, da sie Elisabeths zunehmend distanzierter Einstellung dazu widersprechen. Sie selbst warnte ihre Hofdamen und Vorleser mehrfach, vieles, was man über sie erzählt, sei erfunden oder erlogen. Nur das sollten sie für bare Münze nehmen, was sie selbst mit ihr erlebt hätten.

Es ist reizvoll, Kaiserin Elisabeths Leben einmal aus dem Blickwinkel besonderer, von ihr erlebter Weihnachtstage – vor allem des Heiligen Abends, der ja zugleich ihr Geburtstag war, – zu schildern. Wie verlief diese Zeit wirklich und was bedeutete sie ihr, die sich doch gegen alle Zwänge, die ihr zugemutet wurden, und gegen den Druck von Protokoll und Etikette vehement auflehnte? Weihnachten war zudem wie für alle Menschen auch für sie nicht nur ein Einschnitt im Alltag, sondern ebenso eine bedeutsame Zäsur im Jahr, war die Zeit der Jahreswende doch eine Phase, auf das vergangene Jahr zurückzublicken und auf das kommende erwartungsvoll und fragend vorauszuschauen. Blieb ihr Blick, wie nur allzu oft, in der Vergangenheit mit seinen Schicksalsschlägen, Verlusten und großen Enttäuschungen hängen? Wurde sie dadurch womöglich derart belastet, dass sie vom Blick nach vorne abgelenkt und für die Annahme künftiger Herausforderungen und Aufgaben unfähig wurde? Schaute die Kaiserin also am Jahresende nur ungern nach vorne und gelang es ihr deshalb zu wenig, sich auf das zu konzentrieren, was kam? Wer nur zurückschaut, dem kann auch das, was er gerade tun will, schief geraten und misslingen. War sich Elisabeth dessen bewusst?

Die kurzen Kapitel in diesem Buch sind Blitzlichter auf besondere weihnachtliche Episoden ausgewählter Jahre, die zeigen, wie unterschiedlich die Advents- und Weihnachtszeit für Elisabeth verlief und dass der Monat Dezember für sie oft nicht fröhlich war. In diesem Buch, das eine spannende Ergänzung zu den zahlreichen Sisi-Biografien ist, geht es also nicht um fragwürdige heitere Anekdötchen, vielmehr werden interessante Tatsachen enthüllt, die nicht nur alle Verehrerinnen und Verehrer der Kaiserin überraschen werden, sondern jeden, der bereit ist, sich auf „Weihnachten mit Kaiserin Elisabeth“ so einzulassen, wie es wirklich war.

München, Weihnachten 2023 Alfons Schweiggert

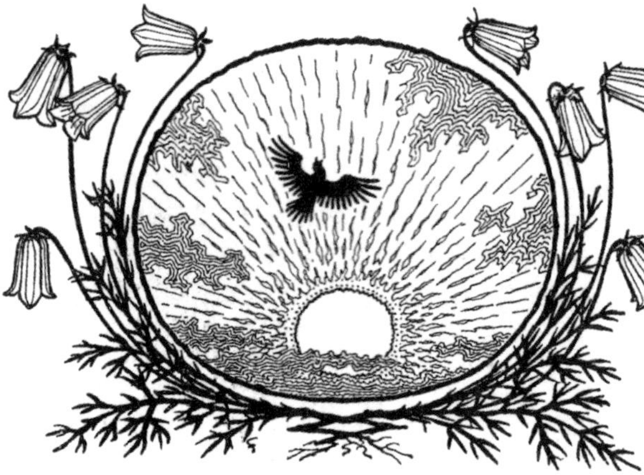

Heiligabend in Sisis Kindheit und Jugend

1837 bis 1853

Dreifaches Weihnachtsglück

Elisabeths Geburt am 24. Dezember 1837 um 22.43 Uhr im Palais ihres Vaters in der Ludwigstraße 13 in München stand unter einem dreifachen Glücksstern. Zum einen fiel das Ereignis auf einen Sonntag. Sonntagskindern prophezeit der Volksmund Schönheit und Reichtum. Später schrieb Elisabeth ins Poesiealbum:

> „Ich bin ein Sonntagskind, ein Kind der Sonne;
> Die goldnen Strahlen wand sie mir zum Throne,
> Mit ihrem Glanze flocht sie meine Krone,
> In ihrem Lichte ist es, daß ich wohne,
> Doch wenn sie mir je schwindet, muß ich sterben."[1]

[1] Hamann, Brigitte (Hg.): Kaiserin Elisabeth. Das poetische Tagebuch, Wien 1984, S. 312 (Künftig: Poetisches Tagebuch)

Zum Zweiten wurde sie bereits mit einem Zahn im Mund geboren. Ein sogenannter „dens connatus" kommt sehr selten vor und verspricht ein glückliches Leben. Zum Dritten fiel ihre Geburt auf den Heiligen Abend, an dem das Jesuskind zur Welt kam, was ebenfalls Glück im Leben verhieß. Manche erblickten darin jedoch eine unheilvolle Vorbedeutung und „eine Erklärung für den Zwiespalt in Elisabeths Leben [...], das zwischen Glück und Tragik, äußerem Glanz und innerem Elend so seltsam wechselte."[2] Nach altem Volksglauben gelten Sonntagskinder auch als besonders begabt, verfügen über magische Kräfte, haben als „Geisterseher" Verbindung zu Verstorbenen und können angeblich den Tod anderer, aber auch das eigene Ende voraussehen.

Den Glückszeichen stand jedoch ein ominöser mütterlicher, heute oft angezweifelter Fluch entgegen, den Ludovika im Herbst 1828 am Tag ihrer Hochzeit – neun Jahre vor Sisis Geburt – ausgestoßen haben soll. Aus Zorn darüber, dass sie zur Heirat mit Herzog Max gezwungen worden war, obwohl sie einen anderen liebte, habe sie angeblich gerufen: „Dieser Ehe und allem, was daraus hervorgeht, soll der Segen Gottes fehlen bis ans Ende!"[3] Diese furchtbare Verwünschung, die so gar nicht mit ihrem christlichen Glauben vereinbar war, ging in gewisser Weise sogar in Erfüllung, denn weder Elisabeth noch mehreren ihrer Geschwister war ein wirklich glückliches Leben beschieden.

Die dicke kleine Elise kann laufen!

Ihren ersten Geburtstag am 24. Dezember 1838 verbrachte Sisi anstatt im prunkvollen Herzog-Palais ihrer Eltern in der Ludwigstraße in der Münchner Maxburg bei ihrer Oma, der verwitweten Königin Karoline von Bayern (1776–1841). Dies geht aus einem in französischer Sprache verfassten Brief vom 28. Dezember 1838 hervor, den Karoline ihrer Nichte Louise von Baden schrieb. Darin bezeichnete

[2] Holmsten, Georg: Elisabeth von Österreich, München 1952, S. 34

[3] Wallersee-Larisch, Marie Louise von: Kaiserin Elisabeth und ich, Leipzig 1935, S. 162 ff. (Künftig: Wallersee – Elisabeth und ich)

sie Elise, wie damals Sisi genannt wurde, als ausgesprochenen Wonneproppen. Am Ende des Briefes heißt es dann: „Louise lässt Sie tausendmal grüßen, ihre dicke kleine Elsie ist ein Jahr alt geworden und ist am Weihnachtsabend gelaufen, inmitten all der Menschen, die mein Appartement bevölkerten, mit einer Sicherheit, die allgemeines Staunen hervorrief."[4] Mit Louise ist Sisis Mutter Ludovika gemeint, die auch zugegen war. Dass Sisi schon an ihrem ersten Geburtstag so sicher auf zwei Beinen stand und sicher laufen konnte, weist zweifellos auf früh entwickelte motorische Fähigkeiten hin, die ihr dann bei ihren späteren stundenlangen Gewaltmärschen und den legendären Reitereskapaden von Nutzen waren.

Als Kleinkind war Sisi allerdings nicht gertenschlank, eher das Gegenteil, wie im Oktober 1841, kurz vor ihrem vierten Geburtstag, ihre Taufpatin Königin Elisabeth von Preußen nach einem Besuch auf Schloss Possenhofen in einem Brief äußerte, in dem sie Elise als „dickes, appetitliches Ding, recht hübsch" bezeichnete.

Für jedes Kind einen Christbaum

Der erste bayerische Christbaum ist Sisis Großmutter, der protestantischen Königin Karoline, der zweiten Ehefrau von König Max I., zu verdanken. Sie nahm den Christbaum als schöne Jugenderinnerung aus Baden mit nach Bayern und schmückte an Weihnachten 1799 insgeheim ihre Zimmer in Schloss Nymphenburg mit Christbäumen. Im Dezember 1809 ließ sie dann im Hof der Residenz erstmals einen Baum aufstellen, ein Schock für die katholische Kirche, die den Christbaum als heidnisches Symbol ablehnte. Doch König Max I. erlaubte den Christbaum, wollte er mit seiner protestantischen Frau im katholischen Bayern doch die Toleranz einführen. Sisis Mutter Ludovica – geboren 1808 – war damals gerade ein Jahr und vier Monate alt.

[4] Auf diese Quelle stieß der Historiker Christian Sepp im Hausarchiv des Hauses Hohenzollern-Sigmaringen, das im Staatsarchiv Sigmaringen verwahrt ist.

Sisi erblickte am 24. Dezember 1837 im Herzog-Max-Palais an der Münchner Ludwigstraße 13 das Licht der Welt. Die dort angebrachte kleine, schwarzgraue Gedenktafel ist für die Stadt kein Ruhmesblatt. Das Porträt darauf ist ebenso wie die Schrift kaum zu erkennen und auch die Schreibweise „Sissy“ (richtig: Sisi) ist falsch. Die darüber angebrachte Tafel der „Landeszentralbank Bayern“ leuchtet hingegen freundlich hellblau.

Auf untenstehender Zeichnung ist erkennbar,
was auf der Tafel abgebildet und geschrieben ist.

Zeichnung: Alfons Schweiggert, München

In Wien ging der aus dem Norden kommende Brauch, einen Christbaum aufzustellen, angeblich auf Fanny Arnstein, Gattin des Bankiers Nathan Adam Arnstein, zurück, die in ihrem Salon schon 1814 einen Baum aufstellte. Doch erst die helvetisch-protestantische Prinzessin Henriette von Nassau-Weilburg, die Gattin Erzherzog Carls, verhalf dem Brauch 1816 in Wien zum Durchbruch. Kaiser Franz I., der Gefallen daran fand, ließ in der Hofburg eine kerzengeschmückte Tanne aufstellen. Nach und nach folgten Adelige dem Beispiel des Hofs. Katholische Familien zögerten zunächst, weil der Christbaum die Weihnachtskrippe angeblich auf Platz zwei verwies. Doch seit 1829 standen Christbäume dann auch auf öffentlichen Plätzen Wiens. Beim Schottentor wurden in der Vorweihnachtszeit Christbäume schließlich auch zum Verkauf angeboten.

Zu Sisis Geburt 1837 hatte sich der Christbaum in München und auch in Wien endgültig etabliert. Sie und ihre Geschwister liebten Christbäume und freuten sich, dass an Weihnachten jedes Familienmitglied seine Geschenke unter einem eigenen Baum fand. „Wir waren acht Kinder", erinnerte sich Sisi später, „und jedes von uns hatte seinen eigenen Christbaum."[5] Auch Prinz Leopold von Bayern berichtete: „Auf jedem der vier Ecken [des festlich eingedeckten Billardtisches] stand für jedes von uns Kindern ein eigener Christbaum, darunter die Geschenke, die uns stets so hoch erfreuten. An kleinen Tischen fand die Bescherung der Herren und Damen des Hauses statt. In den angrenzenden Zimmern bescherte uns dann Großvater [Ludwig I.], und die Onkeln und Tanten sich gegenseitig und uns Kinder."[6] Nachdem Elisabeth Kaiserin geworden war, standen, wie verschiedene Abbildungen zeigen, ebenfalls mehrere Christbäume auf den Gabentischen. Jedes Jahr zu Weihnachten übernahm sie übrigens wohl in Erinnerung an die Weihnachtszeit ihrer Kindheit für ihre Pos-

[5] Haslip, Joan: Elisabeth von Österreich, Köln 2001, S. 11 (Künftig: Haslip)

[6] Böhm, Christiane: Wie lebten Prinzen und Prinzessinnen in Wirklichkeit? oder Erbsen ohne Ende. Kinderalltag im bayerischen Königshaus, München 2010, S. 118

senhofener Familie „die Kosten für einen Christbaum in der Höhe von 600 Gulden sowie zusätzlich 300 Gulden für das ‚Behängen des Christbaums' "[7].

Weihnachten auch im Sommer

Während sich Herzog Max mit seiner Frau Ludovica und den Kindern in den Wintermonaten im Palais in München aufhielt, um dort die Festtage zum Jahreswechsel zu verbringen, lebte die Familie in den Sommermonaten in Schloss Possenhofen am Starnberger See. Dort wurden die Kinder aber auch im Sommer jeden Tag an die Geburt Christi erinnert, die auf einem wunderbaren Altarbild in der Schlosskapelle von Possenhofen dargestellt war. Wenn sich Sisi zum Gottesdienst und zum Gebet in die Kapelle begab, blickte sie auf das Gemälde „Die Geburt Christi mit anbetenden Engeln umgeben", das der Hofmaler Andreas Wolff bereits um 1700 gemalt hatte. Wolff hatte auch Altarbilder für andere Kirchen geschaffen, so für die Klosterkirche in Andechs oder das Stift Kremsmünster in Österreich. Auftraggeber für das Bild war der damalige Hofmarksherr Johann Rudolf Freiherr von Wämpl, der das Gemälde im Kapellenraum im ersten Stock von Schloss Possenhofen platzieren ließ.

Im Mittelpunkt des Bildes befindet sich Maria, die das Jesuskind auf Händen trägt, umgeben von großen und kleinen Engeln. Josef ist im Hintergrund kaum zu sehen, über dem Kind schwebt der Heilige Geist in Gestalt einer Taube und über ihm hält Gottvater seine Hände schützend über die Weltkugel. Oben im Bild stehen die Worte „PAX HOMINIBUS BONÄ VOLUNTATIS" – „Friede allen Menschen guten Willens".

Die Geschehnisse an Weihnachten waren für Sisi also auch im Sommer gegenwärtig, wenn sie sich zum Gottesdienst oder zum Gebet in der Possenhofener Schlosskapelle aufhielt.

---

[7] Unterreiner, Kathrin: Habsburgs verschollene Schätze. Das geheime Vermögen des Kaiserhauses, Wien 2020, S. 93 (Künftig: Unterreiner, S. 18)

Sisis „revolutionäre Weihnacht“

Es war die Affäre des 60-jährigen Bayernkönigs Ludwigs I. mit der 25-jährigen Tänzerin Lola Montez, die Ende 1846 in München auftauchte, seine Geliebte wurde und dadurch einen Skandal auslöste. Schon im Frühjahr 1847 nahmen die Proteste der Münchner Bevölkerung zu, da der König seine Mätresse mit Geld und Ehren überhäufte und sie im Februar 1847 zur Gräfin von Landsfeld ernannte. Als er sie auch noch zur bayerischen Staatsbürgerin machen wollte, trat das „Ministerium Abel“ zurück. Am 1. März zog ein johlender Mob zur Wohnung der Kurtisane: „Die Hure muss weg, sie hat den Monarchen verhext und ruiniert das Königreich!“ Steine flogen in ihr Fenster, doch Lola trank lachend auf das Wohl der Demonstranten, bewarf sie mit Karamellen und reizte sie noch mehr. Die neue Regierung, wegen ihrer Aufgeschlossenheit für liberale Reformen als „Ministerium der Morgenröte“ bezeichnet, hatte auch nur kurz Bestand. Im Herbst folgte das dritte sogenannte „Lola-Ministerium“.

Der zehnjährigen Sisi, die sich mit ihrer Familie wie jedes Jahr ab Spätherbst schon im Palais ihres Vaters aufhielt, blieb nicht verborgen, dass sich das Volk von seinem Herrscher nicht alles gefallen ließ und dass es gegen ihren Großvater, den König von Bayern, zu rebellieren wagte. Sie selbst und ihre Geschwister waren „von dem Drama nur insofern persönlich betroffen, als man den Kindern plötzlich verbot, weiterhin im Englischen Garten zu spielen.“[8] 40 Jahre später äußerte sie im Januar 1887 in einem ihrer Gedichte:

„Ihr lieben Völker im weiten Reich,
So ganz im geheimen bewundere ich euch.
Da nährt ihr mit eurem Schweiße und Blut
gutmütig diese verkommene Brut!“[9]

[8] Haslip, S. 18

[9] Hamann, Brigitte (Hrsg.): Kaiserin Elisabeth. Das poetische Tagebuch, Wien 1984, S. 163 (Künftig: Poetisches Tagebuch)

Erinnerte sich Elisabeth bei diesen Zeilen womöglich an die Revolution in Bayern 1848, als sie im Alter von erst zehn Jahren erlebt hatte, dass sich das Volk eben nicht alles von der „verkommenen Brut“ seiner Herrscher bieten ließ.

Als Lola Montez auch noch Einfluss auf die Regierungsgeschäfte nehmen wollte, wurden die Proteste immer heftiger und die Straßenschlägereien zwischen „Lolamannen“ und Lola-Gegnern nahmen zu. Unter diesen Umständen wollte die Familie des Herzogs Max Weihnachten nicht wie sonst im Münchner Palais verbringen, sondern „zog sich nach Possenhofen an den Starnberger See zurück“[10], wo schneebedeckte Wälder und der starre See eine friedliche Weihnacht verhießen. Doch dem war nicht so. Eines Tages erlebte die Familie „einen besonders kritischen Tag: die Bauern zogen vor das Schloß in Possenhofen und drohten es in Brand zu stecken, wenn man ihnen nicht gewisse Rechte, wie Laubrechen im Wald ect. bewillige; doch scheint die Sache ohne weiteren Schaden verlaufen zu sein“[11], wie sich Amelie, die Tochter von Sisis Bruder Karl Theodor, erinnerte.

In München hingegen eskalierte die Situation zu Jahresbeginn 1848 und drohte im Februar in die Revolution zu münden. Dies verhinderte nur die Abdankung Ludwigs I. am 20. März 1848, die Sisis Vater Herzog Max, seine Familie und sogar den König selbst zu Tränen rührte. Ludwigs I. Nachfolger wurde sein Sohn, der als König Max II. bis 1864 die Geschicke Bayern lenken sollte.

Kaiser-Weihnacht 1848

Nach der März-Revolution 1848 in Bayern besuchte Herzogin Ludovika im Juni mit ihrem 9-jährigen Sohn Karl Theodor und den zwei ältesten Töchtern, der 14-jährigen Helene und der 10-jährigen Sisi, ihre Schwester Erzherzogin Sophie in Innsbruck, wohin sich die

---

[10] Haslip, S. 18

[11] Amalie Herzogin von Urach: Erinnerungen an Herzogin Ludovica in Bayern, Archiv Lichtenstein, S. 13, Ana 346 BI 5a, Nachlass Sexau, Bayer. Staatsbibliothek, München

Sisi im Alter von ca. 11 Jahren, Zeichnung: Alfons Schweiggert

österreichische Kaiserfamilie nach den revolutionären Turbulenzen in Wien zurückgezogen hatte. Kein Wunder, dass Franz Joseph, 18 Jahre alt, für seine beiden Cousinchen kein Interesse zeigte. Hingegen kümmerte sich sein 15-jähriger Bruder, Erzherzog Karl Ludwig, galant um die beiden Mädchen. Vor allem gefiel ihm Sisi, die sich geschmeichelt fühlte, von ihm umschwärmt zu werden. Er brachte ihr Blumen und Früchte und war betrübt, als Ludovika mit den Kindern schon Ende Juni 1848 Innsbruck wieder verließ.

Doch das bedeutete nicht das Ende des Kontaktes zwischen Sisi und Karl Ludwig, der sich zweifellos in seine Cousine verliebt hatte. Nun begann eine Brieffreundschaft. Karl Ludwig schrieb Sisi in gestochen schöner Schrift einen Brief nach dem anderen und sie antwortete ihm auch recht artig. An Weihnachten 1848 erfuhr sie natürlich auch, dass am 2. Dezember in Olmütz, wohin sich der österreichische Kaiserhof mittlerweile zurückgezogen hatte, der 18-jährige Franz Joseph zum neuen Kaiser gekrönt wurde, nachdem sein Onkel, der regierungsunfähige Kaiser Ferdinand der „Gütige" abgedankt hatte. Von dieser sensationellen „Kaiser-Weihnacht" war Sisi allerdings wenig beeindruckt, ahnte sie doch damals noch nicht, dass sich der neue Kaiser fünf Jahre später rettungslos in sie verlieben und sie ein Jahr darauf heiraten würde.

Karl Ludwig sandte ihr aber nicht nur Briefe, sondern auch kleine Geschenke, so eine schöne Rose oder einen goldenen Ring. Im Gegenzug ließ sie ihm ebenfalls einen Ring zukommen. „Begeistert versicherte ihr Karl Ludwig in einem langen Brief, daß er sich davon nie trenne, und Sisi antwortete, daß auch sie seinen Ring trage."[12] Sie lud ihn sogar nach Possi ein, „erzählte von Kunstreitern und Seiltänzern, die sie gesehen hatte […] wie sie sich über zwei ‚sehr nette Lämmer' freute, die ihr Mama geschenkt hatte und die so zahm sind, daß sie ihr überall nachlaufen; wie lustig die Spazierfahrten zu Land

[12] Corti, Egon Caesar Conte: Elisabeth. Die seltsame Frau, 9. Aufl. Salzburg 1935, S. 12 (auch die folgenden Zitate in diesem Kapitel)

und zu Wasser sind, wie schön es wäre, wenn die Vettern sie dabei einmal begleiten könnten."

Bis Ende 1848 nahm der Briefwechsel ständig zu und Karl Ludwig sandte seinem Cousinchen „Zuckerwerk sowie eine Uhr mit Kette, die sie sich schon lange wünschte." Sie bedankte sich herzlich. Die Brieffreundschaft erstreckte sich über zwei Jahre, von Juli 1848 bis Anfang 1850. Wie sehr Karl Ludwig für sie schwärmte, zeigte er ihr nochmals am Neujahrstag 1850, an dem er ihr ein Armband zukommen ließ, für das sich die von ihm Verehrte bei ihm auf einem schönen, „rings von Blumen und roten Rosen umrahmten blauen Briefpapier" bedankte. Als Sisi zwölf Jahre alt war, schlief der Kontakt ein. Gegen seinen Bruder Franz Joseph, der sich 1853 spontan in Sisi verliebte, hatte Karl Ludwig natürlich keine Chance.

Karl Ludwigs Leben war auch von Schicksalsschlägen geprägt. So starb seine erste Frau mit nur 18 Jahren an Typhus. Er selbst wurde nach dem Tod des Kronprinzen Rudolf zwar Thronfolger, infizierte sich aber 1896 auf einer Reise ins Heilige Land durch verschmutztes Jordanwasser, das er als gläubiger Katholik trank, weil er sich davon eine heilbringende Wirkung versprach; stattdessen brachte es ihm aber den Tod. Karl Ludwigs ältester Sohn Erzherzog Franz Ferdinand, designierter Thronfolger, wurde 1914 in Sarajewo ermordet, wodurch der Erste Weltkrieg ausgelöst wurde.

Nicht immer nur frohe Weihnachten

Zu Weihnachten wurden Sisi und ihre Geschwister stets mit Geschenken überrascht, dafür sorgte schon ihre Mutter Herzogin Ludovika. 1852 erhielten die Herzogskinder beispielsweise „viele Bücher, gegenseitig schenkten sie sich Gedichte und die Jüngsten bekamen ein Marionettentheater – und wie es hieß, gab der 13-jährige Gackel [Karl Theodor] ihnen Vorstellungen, die sie sehr belustigten."[13]

[13] Graf, Bernhard: Sisis Geschwister, München 2017

Doch Sisis Kindheit und Jugend war nicht nur eitel Glück und Sonnenschein, blieb doch auch sie von Enttäuschungen nicht verschont. Es schmerzte sie, dass die Eltern, die nicht aus Liebe geheiratet hatten, in Distanz zueinander lebten, dass der Vater seine Ehefrau mit anderen Frauen betrog und seine illegitimen Töchter bisweilen sogar vor seinen leiblichen Kindern bevorzugte. Mit seinem provokant lieblosen Verhalten vertiefte er die depressiven Stimmungen seiner Frau, der er die Erziehung der Kinder überließ. Der Vater, der ständig auf Reisen war, fehlte ihr zu oft. Auch bitteren Todesschmerz und erstes Liebesleid erlebte sie. Als ihr liebster Spielgefährte David Paumgartten plötzlich starb, wäre sie am liebsten „mit ihm gestorben“[14]. Die Liebe zu einem jungen Offizier wurde der 14-Jährigen verboten. Auch seinen frühen Tod betrauerte sie. Eine weitere Liebe zu einem Grafen wurde von diesem nicht erwidert. Ihre Enttäuschungen verarbeitete Sisi im Winter 1852/53 in einem „kleinen Gedichtbüchlein“[15]. Infolge solcher Erfahrungen waren manche Weihnachtstage für sie auch in ihrer Jugend vom Melancholie und Trauer überschattet.

Ein Papagei, das liebste Geschenk

Am 5. Januar 1853 durfte Sisi mit ihrem Lieblingsbruder Karl Theodor an einem Ball teilnehmen, wie sie schrieb: „Auch uns hat Mama am Dreikönigstag tanzen lassen [...] im Frescosaal. Schon beim ersten Walzer liess Gackel seine Tänzerin Maxi Greulsheim fallen.“[16] An diesem heiteren Tag ahnte Sisi noch nicht, dass sie sich acht Monate später, am 18. August, bei ihrem Besuch mit ihrer Mutter und Schwester Helene in Ischl spontan mit Kaiser Franz Joseph verloben würde, der sich unsterblich in die erst 15-Jährige verliebt hatte.

---

[14] Thiele, Johannes: Elisabeth. Das Buch ihres Lebens, München 1996, S. 15 (Künftig: Thiele)

[15] Corti, S. 18

[16] Brief Elisabeths, Januar 1853,Umschlag 8, Wallsee, Ana 346 I 5a, Nachlass Sexau, Bayer. Staatsbibliothek, München

Nachdem sie schon zu ihrem Namenstag am 19. November 1853 von ihrem Bräutigam „eine herrliche Brosche, ein prachtvoll gefasstes Rosenbukett in Diamanten“[17] erhalten hatte, die ihr von einem kaiserlicher Leibgendarm überbracht worden war, kam Franz Joseph im Dezember 1853 persönlich nach München, um den Heiligen Abend erstmals gemeinsam mit seiner jungen Verlobten zu verbringen, der zugleich auch ihr Geburtstag war. „Alle Tage liebe ich Sisi mehr“, schrieb er seiner Mutter nach Wien, „und immer überzeuge ich mich mehr, daß keine für mich besser passen kann als sie.“[18]

Am Nachmittag des Heiligen Abends 1853 stattete der pferdebegeisterte Franz Joseph mit seiner ebenfalls pferdenärrischen Braut der Menagerie eines gewissen Herrn Kreuzberg einen Besuch ab. „Mit dem Ausdrucke Ihrer vollsten Zufriedenheit über die so ungemein reichhaltige Sammlung seltener Tiere wie über die außerordentliche Dressur derselben“, so berichtete das österreichische „Fremden-Blatt“, verließen „die hohen Herrschaften die Lokalitäten des Herrn Kreuzberg nach einem längeren Aufenthalte wieder.“

Bei der Bescherung nach dem Abendessen im Herzog-Max-Palais tauschten Franz Joseph und Sisi ihre Weihnachtsgeschenke aus. Franz Joseph überraschte seine Braut „mit einem Gemälde, das ihn hoch zu Ross“[19] zeigt. Außerdem erhielt sie von ihm ein kleines silbernes Frühstücksservice für die Reise, in das ein „E“ mit Kaiserkrone eingraviert ist und natürlich Juwelen. Auch unter den späteren Geschenken Franz Josephs befanden sich immer wieder Diamanten und Opalschmuck, wertvolle Diademe, kostbare Colliers und Ringe.

Pünktlich zur Bescherung am 24. Dezember kam auch von der Schwiegermutter Erzherzogin Sophie ein Bukett aus frischen Rosen aus dem Wiener Palmenhaus, eine kleine Sensation, da 1853 ein schneereicher und kalter Winter war. Der Rosenstrauß musste gut

[17] Corti, S. 37
[18] Corti, S. 35
[19] Corti, S. 37

verpackt werden, um die Reise von Wien nach München heil zu überstehen. Am meisten freute sich Sisi aber über den Papagei aus der Schönbrunner Menagerie. „Da sie meinen Geschmack aus früherer Zeit kennen“, teilte sie Luise von Wulffen mit, „so werden sie sich wohl nicht wundern, dass mir unter diesen [Geschenken] ein Papagei die meiste Freude macht [...]. Er hat eine ganz menschliche Stimme, leider aber die schlechte Angewohnheit zu beißen.“[20] Am 28. Dezember fand im 213 m^2 großen und stattlichen Tanzsaal des Münchner Herzog-Max-Palais, der sich über zwei Stockwerke erstreckte, auch noch ein festlicher Ball zu Ehren des Brautpaares statt.

Sisis Weihnachtsgabe an Franz Joseph

Als hätten sich die beiden abgesprochen, erhielt auch der Kaiser am Weihnachtsabend 1853, der gleichzeitig Sisis 16. Geburtstag war, von seiner Verlobten ein Portrait, das sie hoch zu Ross im Damensattel vor dem elterlichen Schloss Possenhofen zeigt. Gemalt wurde das Bild von dem bedeutenden Historienmaler Carl Theodor von Piloty und dem für seine Pferdedarstellungen berühmten Künstler Franz Adam. Beide hatte Sisis Vater ausgewählt.

Auf dem Fenstersims vor Sisis Zimmer in Possenhofen sind auf dem Bild drei Tauben gemalt. Franz Joseph liebte dieses Gemälde sehr, das rund 60 Jahre lang über dem Bett in seinem Schlafzimmer in der Wiener Hofburg hing. Franz Joseph sah seine Frau kurioserweise also weit häufiger in Öl als in natura, da sie ständig auf Reisen war.

Weihnachten 1853 war also ein Fest voll Harmonie. Dennoch gab es auch erste Anzeichen für den späteren Konflikt zwischen Sisi und ihrer künftigen Schwiegermutter Erzherzogin Sophie, die ihr in mahnender Anspielung auf ihre künftigen religiösen Pflichten außer dem Rosenbukett auch noch einen Rosenkranz zukommen ließ. Als sie

[20] Sepp, Christian: Ludovika. Sisis Mutter und ihr Jahrhundert, München 2019, S. 250 (Künftig: Sepp)

von Sisi einen Dankesbrief erhielt, beanstandete die Erzherzogin, dass sie darin geduzt und nicht, wie es das Hofprotokoll vorschrieb, gesiezt wurde. Gegenüber ihrer Schwester Ludovika kritisierte Sophie dann auch noch Sisis Zähne, die nicht strahlend weiß seien, sowie deren Reitleidenschaft, die sich für eine Kaiserin nicht ziemen würde.

Herzogs Max Weihnachtsgeschenk

Ende des Jahres 1953 erhielt Sisi Kontakt zu einem Mann, der für sie ein wahres Weihnachtsgeschenk war, das sie von ihrem Vater erhielt. Herzog Max berief im Winter 1853 den 67-jährigen Graf Johann Mailáth von Székhely (1786–1855), einen von ihm geschätzten ungarischen Historiker, nach Possenhofen. Er sollte dreimal pro Woche seiner 15-jährigen Tochter einen Crashkurs in österreichischer und ungarischer Geschichte sowie in ungarischer Sprache erteilen. Diese Kenntnisse seien für sie als künftige Kaiserin unerlässlich. Und so wurde Graf Mailáth die erste Person, der Sisi ihre Begeisterung für die ungarische Geschichte und vor allem für ihre lebenslange Liebe zu Ungarn verdankte. Er machte sie außerdem mit liberalen Ansichten vertraut und verdeutlichte ihr auch die Vorteile einer republikanischen Staatsform. Dem Grafen war Herzogs Max Auftrag höchst willkommen, da er trotz mehrerer Buchveröffentlichungen zur ungarischen und österreichische Geschichte mit seiner unverheirateten Tochter Henriette in München in recht ärmlichen Verhältnissen lebte.

Mailáth, der über ein phänomenales Gedächtnis verfügte und ganze Bücher auswendig konnte, vermittelte seiner Schülerin Elisabeth auch wichtige Lerntechniken, die es ihr ermöglichten, selbst umfangreichen Lernstoff rasch und nachhaltig zu speichern. Als Kaiserin konnte sie mühelos mehrere Sprachen erlernen, sich den Inhalt gelesener Bücher leicht merken und sogar auswendig rezitieren. Johann Mailáth war für sie also ein wahrer Glücksfall.

Nach Beendigung des Unterrichts im Frühjahr 1854 lebte der Graf allerdings nur noch knapp ein Jahr. Nach den Weihnachtstagen 1854 begab er sich, völlig verarmt, mit seiner Tochter Henriette am 3. Januar 1855 nach Ammerland an den Starnberger See. Dort „füllten Vater und Tochter ihre Taschen mit Steinen, banden sich beide mit Stricken fest zusammen und stürzten sich dann in den See.“[21] Als Motiv des Doppelsuizids wurde später angegeben, es sei Verzweiflung darüber gewesen, „daß Majláth weder von Seiner Majestät [also von Kaiserin Elisabeth] noch von ihren durchlauchtigsten Eltern [Herzog Max und Ludovika] für die gehabte Mühe im Unterrichte der ungar. Sprache entlohnt wurde.“[22]

Ob Elisabeth, die sicher vom Selbstmord des Grafen und seiner Tochter hörte, auch erfuhr, dass zumindest ein Grund dafür die unterlassene Bezahlung des von ihr geschätzten Grafen war, ist nicht überliefert. Naheliegend ist die Vermutung, dass sie 1854 als junge Kaiserin aufgrund der auf sie einstürmenden und sie völlig überfordernden Verpflichtungen von den Ursachen für Mailáths Armut keine Kenntnis hatte.

[21] Holland, Hyazinth: Lebenserinnerungen eines 90jährigen Altmünchners, hrsg. von A. Dreyer, München 1921, S. 108

[22] Konfidentenberichte von 1869 [für das Informationsbüro der österreichischen Staatskanzlei angefertigte Berichte]. In: Sepp, S. 269

Weihnachtstage der jungen Kaiserin

1854 bis 1859

Weihnacht in guter Hoffnung

Am 9. Juni 1854 begleitete Sisi ihren Mann Franz Joseph auf eine Reise in die Kronländer Böhmen und Mähren. Sie besuchte dort Klöster und Kirchen, auch Spitäler, Armen- und Waisenhäuser und begeisterte die Bevölkerung durch ihre einfache, liebevolle Ausstrahlung.

Ende Juni 1854 wurde sie das erste Mal schwanger und von der Fürsorge der Schwiegermutter, die sich in alles einmischte, fast erdrückt. Bei ihrem Aufenthalt in Schloss Laxenburg war sie keine Minute vor Erzherzogin Sophie sicher. Sie fühlte sich von ihr jede Sekunde bespitzelt. Es hagelte ständige Ermahnungen. Sophie machte „aus Elisabeths harmlosem Vergnügung an Natur, Pferden, Hunden und Vögeln eine Sünde und ist immer gleich mit Ermahnungen zur Hand.“[23] Sisi konnte keinen Schritt mehr alleine tun. Sie verlor dann häufig die Nerven und brach in Tränen aus.

[23] Corti, S. 56

„Hier [in Schloss Laxenburg] habe ich viel geweint", äußerte sie später, „allein zurückzudenken, drückt mir das Herz zusammen [...] Ich war den ganzen Tag alleine und hatte Angst vor der Minute, wenn Sophie kam, denn sie kam jeden Tag, zu jeder Stunde, um zu sehen, was ich tue – bis à la merci war ich dieser wirklich bösartigen Frau ausgeliefert, alles war falsch, was ich machte, [...] sie wusste alles über jeden, da sie das ganze Haus bespitzelte und das ganze Haus hatte Angst vor ihr [...]"[24] Sophie forderte ihre schwangere Schwiegertochter auch auf, sich öffentlich zu zeigen. „Kaum war sie da", so klagte Elisabeth noch in späteren Jahren, „schleppte sie mich schon hinunter in den Garten und erklärte, es sei meine Pflicht, meinen Bauch zu produzieren, damit das Volk sehe, dass ich tatsächlich schwanger bin. Es war schrecklich. Dagegen war es eine Wohltat, allein sein und weinen zu können."[25]

Erzherzogin Sophie war im Grunde aber keine böse Frau. Als Verkörperung des spanischen Hofzeremoniells und als Gralshüterin der althergebrachten Ordnung wollte sie ihre Schwiegertochter nur rasch mit dem höfischen Zeremoniell und allen protokollarischen Regeln vertraut machen, die eine Kaiserin beherrschen musste. Sie tat dies, indem sie Sisi fortwährend belehrte, sie ermahnte und kritisierte. Sie meinte es dabei nur gut mir ihr, was Sisi aber nicht erkannte, die alle Maßnahmen Sophies als Gängelung, Zurechtweisung, Bevormundung und Unterdrückung empfand. Sophie, selbst eine Gefangene der höfischen Zucht und Ordnung, gelang es nicht, sich ins Seelenleben der pubertierenden Kindkaiserin einzufühlen. Sie schaffte es nicht, Verständnis für deren Seelennöte zu entwickeln und war nicht fähig, ein Auge zuzudrücken, wenn Sisi in ihrem jugendlichen Übermut und Freiheitsdrang bisweilen über die Stränge schlug. Sie vermochte ihr nicht zu erklären, warum sie solchen Wert auf Etikette

---

[24] Kurz-Lunkenbein, Marilis: Die Sisi-Straße. Lebensweg der Kaiserin Elisabeth, Berlin 2013, S. 179 (Künftig: Sisi-Straße)

[25] Hamann, S. 91; Festetics-Tagebuch, 14.6.1873

und Protokoll legen musste. Zwischen Sisi und Sophie „besteht eine eisige Kluft“[26], so erkannte auch der kaiserliche Leibarzt Dr. Seeburger.

Das Weihnachtsfest 1854 – Sisi war im sechsten Monat schwanger – verlief zumindest für sie in bedrückender Stimmung. Vor allem vergällte ihr die Anwesenheit der ungeliebten Schwiegermutter jegliche Christfreude und schon damals begann sie die aufgezwungene Rührseligkeit und Harmonie zu hassen. Dass am Heiligen Abend auch noch der belgische Thronfolger Leopold und dessen Gattin Maria Henriette, die sich zuvor in Triest aufgehalten hatten und auf der Heimreise nach Belgien in Wien Halt machten, erschienen, um die Feiertage bei Maria Henriettes österreichischer Verwandtschaft zu verbringen, stellte für die werdende Mutter eine zusätzliche Belastung dar. Sisi war um jede Sekunde froh, in der sie sich zurückziehen konnte.

Fast ein Unglück!

Am 5. März 1855 kam Elisabeth erstes Kind zur Welt. Es wurde auf den Namen Sophie getauft und Erzherzogin Sophie nahm das Kind auch gleich unter ihre Obhut. Sisi litt darunter und flüchtete im Sommer zu ihrer Familie nach Possenhofen ohne ihr Kind, das bei der Schwiegermutter blieb, unter deren Druck die junge Kaiserin auch weiterhin stand.

Am 14. Dezember 1855 erlebte die Kaiserin „einen jähen Schreck“, so berichtet der Elisabeth-Biograf Corti. „Elisabeth fährt an diesem Tage im Viererzug mit sonst sehr vertrauten Pferden hinaus nach Schönbrunn. Da, in der Mariahilferstraße, verstrickt sich eines der Vorauspferde in die Zügel, die Tiere werden scheu, reißen die rückwärtigen mit, der Kutscher wird vom Bock herabgeschleudert und herrenlos galoppieren die vier Pferde mit dem Wagen, in dem sich

[26] Winkelhofer, Martina: Sisis Weg. Vom Mädchen zur Frau – Kaiserin Elisabeths erste Jahre am Wiener Hof, München 2021, S. 161 (Künftig: Winkelhofer)

die Kaiserin und die Gräfin Bellegarde befinden, in wildem Tempo durch die Straßen. Schon will die Gräfin herausspringen, aber Elisabeth, die schon einmal in Possenhofen in solcher Lage war, hält sie zurück. Der Wagen rast in eine Seitengasse, dort aber stellt der Kutscher eines gerade vorbeifahrenden Bauernwagens sein Gefährt quer über den Weg, die Pferde der kaiserlichen Equipage stürzen, die Deichsel bricht, aber Elisabeth und ihre Dame bleiben unverletzt. Blaß und erschüttert entsteigen sie dem zertrümmerten Wagen und fahren in einem Fiaker in die Burg zurück. Noch unter dem Eindruck der Szene erzählt Elisabeth dem tieferschrockenen Kaiser den glücklichen Ausgang des Zwischenfalls“[27], der ihr durchaus den Tod hätte bringen können. „Des Himmels Schutz“, heißt es in der Wiener Zeitung, „hat Allerhöchste Frau vor einer [...] offenbar drohenden Gefahr gnädig bewahrt und behütet!“[28]

Und so konnte sie zehn Tage später zum Glück mit heiler Haut und erstmals auch mit ihrer inzwischen schon zehn Monate alten Tochter Sophie Weihnachten feiern. Doch zu Weihnachten 1855 war Elisabeth erneut bereits im zweiten Monat schwanger, erwartete man von ihr doch möglichst rasch einen Thronfolger. Aber wieder war es „nur“ eine Tochter, die am 15. Juli 1856 zur Welt kam, auf den Namen Gisela getauft wurde und zunächst ebenfalls der Schwiegermutter anvertraut wurde. Sisi wollte ihre beiden Töchter aber endlich näher bei sich haben und erreichte, dass ihr Mann ihr diesen Wunsch erfüllte. Franz Joseph teilte seiner Mutter mit, er wolle seine Töchter in das Radetzky-Zimmer in Sisis Nähe einquartieren. Erzherzogin Sophie widersprach ihrem Sohn höchst erbost, aber ohne Erfolg. Endlich bekam Sisi Zugriff auf ihre beiden Kinder. Dieser erste Sieg über

---

[27] Corti, S. 61

[28] Rödhammer, Hans: Elisabeth, Kaiserin von Österreich und Königin von Ungarn, 1837–1898, Katalog zur Ausstellung des Kulturvereins Schloß Ebelsberg vom 21. Mai bis 30. Oktober 1983 im Schloß Ebelsberg, Schlossweg 7, Linz, Elbelsberg-Linz, 1983, S. 108 (Künftig: Rödhammer)

ihre Schwiegermutter war für sie 1856 das wohl schönste Weihnachtsgeschenk.

Eisiger Empfang im winterlichen Venedig

Italiens Beziehungen zu Österreich waren schon seit Jahrzehnten massiv belastet, weshalb ein Besuch des Kaiserpaares die ungute Stimmung in Venedig, Mailand und Mantua ins Positive wenden sollte. Vielleicht könnten durch die Anwesenheit der hohen Gäste, so hoffte man, die zunehmenden Unruhen und Unabhängigkeitsbestrebungen zumindest etwas eingedämmt werden. Am 25. November 1856 kam Franz Joseph in Begleitung seiner Frau und der fast zweijährigen Sophie nach Venedig. Doch die stolzen und traditionsbewussten Venezianer, von denen die jahrzehntelange Fremdherrschaft der Habsburger als schmählich empfunden wurde, begrüßten den Besuch des Kaiserpaares in keiner Weise.

Elisabeth und Franz Joseph logierten mit Sophie im Palazzo Reale, dem Königspalast am Markusplatz, in dem der österreichische Gouverneur residierte. Sisi fand sich im Labyrinth dieses Palastes ebenso wenig zurecht wie auf den Straßen, wo die Bevölkerung dem Kaiserpaar meist nur mit eisigem Schweigen begegnete. Die Stimmung war in der Tat nicht gerade freundlich. Vor allem der venezianische Adel boykottierte die öffentlichen Auftritte der beiden. Der Festvorstellung im Teatro La Fenice blieben die vornehmsten Familien fern. Als das Kaiserpaar mit der kleinen Sophie über den Markusplatz ging, herrschte eine feindselige Atmosphäre.

Das Eis etwas zu schmelzen gelang schließlich auf dreifache Weise: Zum einen wurden kurz vor Weihnachten, am 3. Dezember 1856, auf kaiserlichen Erlass 70 verurteilte Hochverräter amnestiert. Zum anderen erhielten zahlreiche politische Flüchtlinge ihre beschlagnahmten Güter zurück und durften in die Heimat zurückkehren. Diese noblen Weihnachtsgeschenke wurden in Venedig mit Jubel begrüßt. Vor allem aber war es der Auftritt der schönen 19-jährigen jungen Kaiserin, von der sich die venezianische Bevölkerung begeistern ließ. Elisabeths Erscheinen stimmte die Menschen versöhnlicher. Das Gerücht, die Kaiserin sympathisiere mit den italienischen Nationalisten und setze sich bei ihrem Gemahl für sie ein, erhöhte die Zuneigung noch zusätzlich.

Woher einen Christbaum nehmen?

Ein Problem gab es in der Stadt der Gondolieri aber noch. Es fehlte die weihnachtliche Stimmung, denn auf den Plätzen, Kanälen und in den engen Gassen gab es keine Weihnachtsbeleuchtung wie heutzutage. Und auch „die Weihnachtsfeier ist nicht so einfach; eine Tanne ist in Venedig eine Kostbarkeit und muß dem botanischen Garten entnommen werden."[29] Erst als der Christbaum erstrahlte, konnte Elisabeth mit ihrem Mann und ihrer Tochter Sophie den Heiligen Abend am 24. Dezember 1856, der zugleich ihr Geburtstag war, in einigermaßen gelöster Stimmung verbringen, vor allem auch deshalb, weil die ungeliebte Schwiegermutter nicht zugegen war.

Auch Silvester und Neujahr wurde noch in Venedig verbracht, dann ging es am 5. Januar 1857 über Vicenza weiter nach Verona, wo man allerdings versuchte, den Kaiser beim sogenannten „Bacchanale dei gnocchi" der Lächerlichkeit preiszugeben. Nachdem der höchste Beamte der Stadt nach altem Brauch mit Gnocchi gefüttert worden war, wollte man unter höhnischem Jubel der Menge auch Kaiser Franz Joseph Kartoffelklößchen in den Mund schieben, was aber als Majestätsbeleidigung entrüstet abgelehnt wurde. Auch Elisabeth fand diesen Scherz überhaupt nicht lustig.

Bei diesem Italien-Aufenthalt, der am 10. Januar 1857 endete, war es vor allem Sisi, die durch ihre Auftritte überall das Eis zum Schmelzen brachte und für eine einigermaßen entspannte Stimmung sorgte, die allerdings nicht dauerhaft war.

---

[29] Corti, S. 71

Schwarze Weihnacht

Besonders tief traf Elisabeth der Tod ihres ersten Kindes. Im Mai 1857 durften die zwei kleinen Töchter des Kaiserpaars, die zehn Monate alte Gisela und die zweijährige Sophie, ihre Eltern auf der Reise nach Budapest begleiten, obwohl Elisabeths Schwiegermutter Erzherzogin Sophie dagegen war. „Um die Kinder auf der Reise vor schlechtem Wasser zu schützen, wurde das reine Quellwasser von Schönbrunn in Flaschen eingefüllt und dieselben im Hofseparatzug in Eis gestellt, um sie frisch zu erhalten. Aus bisher unaufgeklärten Gründen jedoch verdarb das Wasser."[30] Am 13. Mai erkrankte Gisela an Durchfall und Fieber, erholte sich aber. Am 19. Mai zeigten sich bei Sophie ähnliche Krankheitssymptome und bald rang die Kleine mit dem Tode. Die damals erst 19-jährige Kaiserin versuchte verzweifelt, dem Kind zu helfen, musste aber mitansehen, wie es immer schwächer wurde. Nach elfstündigem Todeskampf starb Sophie in ihren Armen an Typhus. „Unsere Kleine ist ein Engel im Himmel", telegraphierte der Kaiser an seine Mutter. „Nach langem Kampf ist sie zuletzt ruhig um ½ 10 Uhr verschieden, Wir sind vernichtet. Sisi ist voller Ergebung in den Willen des Herrn."[31] Doch dem war nicht so. In Wahrheit weinte die Kaiserin Tag und Nacht. Sie „war keineswegs voll Ergebung, sondern so verzweifelt, dass die Ärzte zunächst um ihren Verstand fürchteten. Zwanzig Stunden bestand sie darauf, bei ihrer toten Tochter zu bleiben, und erst, als sie vor Erschöpfung ohnmächtig wurde, gelang es, sie wegzubringen."[32] Außerdem gab sie sich auch selbst die Schuld, da sie ihre Töchter trotz des Rates ihrer Schwiegermutter mit auf die Reise genommen hatte.

Weihnachten 1857 wurde für Sisi und Franz Joseph zu einer „schwarzen Weihnacht". Die Freude über Christi Geburt wurde in der

[30] Burgh, Alborough de: Elisabeth. Blätter der Erinnerung, Nachdruck der Ausgabe, Wien 1901, S. 123

[31] Thiele, Johannes: Elisabeth. Das Buch ihres Lebens, München 1996, S. 219 (Künftig: Thiele)

[32] Haslip, S. 127

jungen Mutter völlig von der Verzweiflung und der Trauer über den Tod ihres ersten Kindes überdeckt. Oder bot sich ihr nicht doch ein Lichtblick, als sie im Dezember zum dritten Mal schwanger wurde? Aber mit jedem Monat, mit dem die dritte Geburt näher rückte, verstärkten sich ihre Sorgen. Würde sie dieses Mal wieder „nur" eine Tochter zu Welt bringen und nicht endlich den Thronfolger, den alle seit langem von ihr erwarteten?

Geburt eines „Sternguckers"

„Der Himmel hat mir ein Kind gegeben!"[33], so jauchzte Franz Joseph und mit ihm frohlockte der Hof und alle Untertanen, als am 21. August 1858 endlich der heiß ersehnte Kronprinz Rudolf zur Welt kam. Der Knabe war ein sogenannter „Sterngucker", da er „im Geburtskanal mit dem Gesicht nach oben blickte"[34], was die Entbindung allerdings immens erschwerte und Elisabeth entsetzliche Schmerzen bereitete. Doch mit der Geburt dieses „Schmerzenskindes" war für sie endlich die Zeit „des Katzelns"[35], wie sie das Kinderkriegen nannte, beendet. Sie war jetzt die Mutter des künftigen Kaisers.

Die Bescherung fand in diesem Jahr schon im Sommer statt. Der Thronfolger wurde nach seinem ersten Schrei vom stolzen Vater, der ihm den kostbaren „Orden des Goldenen Vlieses" in die Wiege legte, auch gleich noch zum „Oberst der Armee" ernannt. Das Volk wurde reichlich mit großzügigen Spenden beglückt und Sisi von Franz Joseph mit einer dreireihigen Perlenkette im Wert von 75.000 Gulden belohnt.

Doch sie konnte sich nicht so recht freuen, da sie den Tod ihrer vor fünfzehn Monaten verstorbenen Tochter Sophie noch immer nicht verkraftet hatte. Außerdem machten ihr die Nachwirkungen der

[33] Hamann, S. 117

[34] Winkelhofer, S. 255

[35] Schad, Martha: Kaiserin Elisabeth und ihre Töchter, München 1997, S. 68 (Künftig: Schad – Elisabeths Töchter)

schweren Geburt ebenso zu schaffen wie die Tatsache, dass die Schwiegermutter auch den Kronprinzen sofort in ihre Obhut nahm, da sie selbst ja noch zu schwach sei. Sie bestimmte auch eine Amme dazu, das Kind zu stillen, ohne darauf Rücksicht zu nehmen, dass Sisi unter Milchandrang und Fieber litt und psychisch am Ende war. Kälte und Gleichgültigkeit gegenüber ihrem dritten Kind schienen die Oberhand zu gewinnen. Aufgebaut wurde sie nur von ihrer Mutter Ludovika, die mit einigen ihrer Schwestern und mit Dr. Fischer, dem Hausarzte der Herzogsfamilie, zu ihr eilte. Natürlich war Weihnachten wegen der Geburt des Kronprinzen in Österreich ein Freudenfest, doch nicht für Elisabeth. Erst als nach Weihnachten ihre Schwester Marie zum Jahresbeginn 1859 zu ihr kam, begann sie sich bei gemeinsamen Besuchen des Burgtheaters, des Praters und des Zirkus Renz zu erholen. Vor allem konnte sie sich bei stundenlangen Gesprächen mit Marie alle ihre aufgestauten Kümmernisse von der Seele reden.

... und Frieden auf Erden!

Franz Joseph, der das Militär über alles schätzte und außer bei der Jagd fast immer Uniform trug, war überzeugt, mit militärischen Mitteln sei alles zu erreichen. Elisabeth verachtete hingegen die hohen Militärs, die sich deshalb von ihr distanzierten. Kriege verabscheute sie. In einem ihrer Gedichte lobte sie Schweden als ein glückliches Land, weil dort „Armeen und Kanonen aller Art fehlen“.[36] Und in einem anderen Gedicht äußerte sie: „Wer weiss! Gäbs keine Fürsten,/ Gäb' es auch keinen Krieg,/ Aus wär' das teure Dürsten/ Nach Schlachten und nach Sieg.“[37] In einem weiteren ihrer Texte riet sie ihrem Sohn Kronprinz Rudolf sogar, wenn er einmal Kaiser sein würde, dann: „Befehle deinem Militär/ Die Waffen abzulegen.“[38] Dies

[36] Poetisches Tagebuch, S. 157
[37] Poetisches Tagebuch, S. 145
[38] Poetisches Tagebuch, S. 343

Die junge Kaiserin Elisabeth, Zeichnung: Alfons Schweiggert

würde ihm und Österreich Segen bringen. Mit großer Begeisterung las die Kaiserin auch den Roman „Die Waffen nieder“ der österreichischen Pazifistin Bertha von Suttner.

1859 kam es im Sommer zum Krieg Österreichs gegen das von Frankreich unterstützte Königreich Sardinien-Piemont. Elisabeth fürchtete nicht nur um das Leben ihres Mannes, sondern auch um das der kämpfenden Soldaten. Von Franz Joseph wurde sie während seiner Abwesenheit zu seiner „Stellvertreterin in Wien“ ernannt. Im Juli richtete sie in Laxenburg ein Spital ein, da die anderen Spitäler in Österreich längst überfüllt waren und selbst Klöster, Kirchen und Schlösser die 62.000 Verwundeten und Kranken aufnehmen mussten.

Höhepunkt des Feldzugs war am 24. Juni 1859 die blutige Schlacht von Solferino mit einer verheerenden Niederlage für Österreich. Bei dem furchtbaren Gemetzel fielen mehr als 22.000 Österreicher und 18.000 Franzosen und Piemontesen. Elisabeth flehte ihrem Mann im Juli an, doch rasch Frieden zu schließen, doch der Kaiser glaubte noch an einen Umschwung der längst aussichtslosen Lage. Erst am 11. Juli 1859 waren er und Kaiser Napoleon III. zum „Vorfrieden von Villafranca“ bereit. Den Sardinischen Krieg beendete schließlich einen Monat vor Weihnachten „Der Friede von Zürich“, der am 10. November 1859 zustande kam.

Ende des Jahres und zum Weihnachtsfest 1859 war die 22-jährige Kaiserin nach den Schrecken des Krieges, drei überstandenen Geburten und den fortwährenden Konflikten mit ihrer Schwiegermutter nervlich am Ende. Am Heiligen Abend in der Christmette hörte sie die Worte der Engel, die über dem Stall von Bethlehem Gott lobten und riefen: „Ehre sei Gott in der Höhe und Frieden auf Erden und den Menschen ein Wohlgefallen!“ Ja, dieses Mal hatte es zum Glück wieder Frieden gegeben, aber dass die Geburt des Jesuskindes den Menschen dauerhaft Frieden bringt, konnte sie nicht so recht glauben. Auch 1859 Jahre nach Christi Geburt kam es immer noch zu blutigen Kriegen und Frieden auf Erden blieb weiterhin ein Traum.

Weihnachten auf der Flucht

1860 bis 1865

Heiligabend allein auf Madeira

1860, im sechsten Jahr ihrer Ehe, litt Elisabeth immer mehr unter den Auseinandersetzungen mit ihrer Schwiegermutter, Erzherzogin Sophie. Außerdem beunruhigten sie Gerüchte von der Untreue ihres Mannes, der, genervt vom Konflikt der beiden Frauen, sich anderweitig Trost gesucht haben soll. Im Oktober 1860 erkrankte Sisi. Die Ärzte diagnostizierten eine Lungenschwindsucht und rieten ihr, sich in einem warmen Klima zu erholen. Sisi entschied sich für einen Aufenthalt auf der abgelegenen portugiesischen Atlantikinsel Madeira, 3000 Kilometer von Wien, von ihrem Ehemann und ihrer Schwiegermutter entfernt. Wegen der üppigen und vielfältigen Vegetation war die Insel als Blumeninsel bekannt und infolge ihres milden Klimas ein beliebtes Ziel.

Ihre Reise begann sie am 17. November 1860 in Begleitung weniger Getreuer. Von Wien ging es über München und Bamberg nach Antwerpen. Während der Hinfahrt mit der Hochseejacht „Victoria und Albert" der englischen Königin Victoria wurden bei einem heftigen Sturm vor Lissabon ihre Hofdamen und der Arzt seekrank. Ihr selbst ging es hingegen von Tag zu Tag besser. Es schien, als habe ihre aufgewühlte Seele während dieser ersten Seesturmfahrt, der später weitere folgen sollten, allen Schmerz aufs Meer übertragen.

Am 29. November traf sie auf Madeira ein und logierte am Rande von Funchal in einem reizenden Landhaus hoch auf einem weit ins Meer hinausragenden Felsen, von dem aus sich ihr ein schöner Blick über Stadt und Hafen bot. Ihre Stimmungen wechselten fortwährend. Einen Tag sperrte sie sich in ihr Zimmer und weinte. Den anderen Tag heiterte sie der Umgang mit Ponys, Hunden und Papageien etwas auf und bei Brett- und Kartenspielen versuchte sie sich etwas abzulenken. Bisweilen klimperte sie im Kreis ihrer Hofdamen auf einer kleinen Gitarre, einer „Braguinha", die sie ihrer Tochter Gisela mitbringen wollte. Gerne fuhr sie auch mit einer von weißen Ponys gezogenen Kutsche durch die Gegend, unternahm weite Wanderungen am Meer entlang und in die Berge, las Bücher und nahm sich Zeit, ihre Ungarisch-Kenntnisse zu vertiefen. Gerüchte kursierten, es habe sich zwischen ihr und Imre Hunyady, einem feschen Grafen ihres Gefolges, ein kleiner Flirt ereignet. Als das Techtelmechtel am Kaiserhof bekannt geworden sei, habe man den Ehrenkavalier angeblich umgehend nach Wien zurückbeordert.

Das Weihnachtsfest 1860 verlebte Elisabeth auf Madeira im Kreis ihrer Hofdamen und ihres Gefolges.[39] Es wurde ein wehmütiger Heiliger Abend. Sie verspürte Sehnsucht nach ihrem Mann und den Kindern Gisela und Rudolf, trauerte um ihr erstes Kind Sophie, das vor zweieinhalb Jahren gestorben war. Und sie dachte auch an ihre Schwiegermutter. „An die E… [Erzherzogin Sophie]", so teilte sie am 18. Dezember Graf Grünne in Wien mit, „denke ich nur mit Schaudern, und die Entfernung macht sie mir nur noch zuwiderer."[40] Bei dieser Äußerung wusste Sisi noch nicht, dass ihr die Schwiegermutter und ihr Mann heimlich einen „echten deutschen Christbaum" mit

[39] Corti, S. 100 f.

[40] Hamann, S. 147

Kaiserin Elisabeth auf der Insel Madeira, Zeichnung von Peter Rosegger

auf die Reise nach Madeira gegeben hatten, den Obersthofmeister Johann Graf Nobili aber erst am Heiligen Abend aufstellen und darunter die Geschenke platzieren durfte. Von Franz Joseph erhielt sie „Rudolfs Porträt in Öl, […] das Sisi's Augen lange mit Tränen füllte", von ihrer Schwiegermutter gab es eine Statuette des Hl. Georgs, außerdem ein „Musikkästchen", auch Werkel oder Leierkasten genannt, das unter anderen auch ein Lied ertönen ließ, „das sie sehr liebt, ‚wenn die Schwalben in die Heimath ziehen'."[41] Auf die Neujahrswünsche reagierte die Kaiserin mit dem Seufzer: „Möchte es [das neue Jahr] für uns alle ein besseres sein wie das letzte. Ich bin jetzt oft recht agitiert [unruhig]."[42] Bald plagte sie zunehmende Langeweile. „Jedes Schiff, das ich wegfahren sehe", so gestand sie, „gibt mir die größte Lust, darauf zu sein, ob es nach Brasilien, nach Afrika oder

[41] Winkelhofer, S. 287; Brief Erzherzogin Sophies an Erzherzog Karl Ludwig vom 24.1.1861, in: Prasch-Bichler, Gabriele: Unsere liebe Sisi. Die Wahrheit über Erzherzogin Sophie und Kaiserin Elisabeth. Aus bisher unveröffentlichten Briefen, Wien 2008, S. 193

[42] Corti, S. 101

ans Kap geht, ist mir einerlei, nur nicht so lange auf einem Fleck sitzen."[43] Doch eines wollte sie keinesfalls, jetzt schon zurück ins winterkalte Wien. So vergingen fünf Monate auf der Blumeninsel, bevor sie ihren Mann im Mai 1861 in Triest wieder traf.

„Die Reise nach Madeira hatte – inklusive aller Nebenkosten und eingerechnet der Geschenke und Gratifikationen an das Gefolge, die Diener und die Menschen vor Ort – exakt 188935 Gulden und 8 Kreuzer, umgerechnet rund 2,5 Millionen Euro gekostet."[44]

Zweite Venediger Weihnacht

Ende Oktober 1861 begann Elisabeths zweiter siebenmonatiger Aufenthalt in Venedig, der sich über die Weihnachtstage bis Mai 1862 erstreckte. Von Korfu kommend, wo sie seit Ende Juni zur Kur weilte, wollte sie nach Venedig, weil ihr Wien zu kalt und nass war. In Wahrheit aber hasste sie nur die Rückkehr in die ungeliebte Stadt und so reiste sie mit der Dampferfregatte „Lucia" nach Venedig, wo sie am 26. Oktober eintraf. Diesmal wohnte sie im „Hôtel de l'Europe" am Canal Grande. Hier hätte sie endlich tun können, was ihr in Wien Etikette und Protokoll verboten. Doch das Winterwetter und die Feuchtigkeit in der Lagunenstadt bekamen ihr nicht. Ödeme, Blutarmut und Wassersucht verstärkten sich. Ihre sonst geliebten Spaziergänge konnte sie wegen ihres aufgedunsenen Gesichts und geschwollener Füße nicht unternehmen, sodass sie unter Langeweile litt und in melancholische Stimmung verfiel. So gut es ging, vertrieb sie sich die Zeit mit Lesen, Kartenspielen und dem Sammeln von Fotografien, vor allem von Bildern schöner Frauen, die sie sich von den österreichischen Botschaftern aus aller Welt zusenden ließ.

Am 3. November kamen endlich ihre Kinder, die fünfjährige Gisela und der dreijährige Rudolf, zu ihr, nach denen sie große Sehnsucht hatte und die sie ein wenig aufmunterten. Ende November 1861 kam

[43] Hamann, S. 147
[44] Winkelhofer, S. 293

auch noch Franz Joseph zu Besuch und verlebte, wie schon 1856, Weihnachten mit seiner Gemahlin und den Kindern wieder in Venedig.[45] Zunächst schien es keine fröhliche Weihnacht zu werden, da die Bevölkerung erneut ihre Verachtung gegenüber der österreichischen Herrschaft zeigte. Doch dann erfüllte Franz Joseph seiner Frau einen lang ersehnten Herzenswusch. Er enthob eine Frau ihres Amtes, die von Sisis Schwiegermutter den Auftrag hatte, die Kaiserin auszuspionieren, ihr über alles regelmäßig Bericht zu erstatten und von der sich Sisi deshalb auf Schritt und Tritt verfolgt fühlte. Es war die Obersthofmeisterin Gräfin Sophie Esterházy. Neue Obersthofmeisterin wurde Gräfin Pauline Bellgarde, die sich von Erzherzogin Sophie nicht als Spionin instrumentalisieren ließ. Gräfin Esterházys Entlassung war für Sisi sicher das schönste Weihnachtsgeschenk 1861. Ihre Briefe an ihre Mutter Ludovika waren plötzlich heiter und ihr Bruder, der sie in Venedig besuchte, fand sie „sehr vergnügt".

Im Februar 1862 kehrten die Kinder nach Wien zurück. Elisabeths Befinden verschlechterte sich erneut. Sie wünschte sich in ihrer Melancholie sogar den Tod. Dann könne der Kaiser bald wieder heiraten, so äußerte sie, und mit einer gesunden Frau endlich glücklich werden.

Beginn einer Seelenfreundschaft

Weihnachten 1863 herrschte ein merkwürdig milder Winter. Für Kronprinz Ludwig aus Bayern, der im August volljährig geworden war, brach Ende des Jahres eine neue Zeit an. Bisher hatte Kaiserin Elisabeth für ihren Cousin – eigentlich war sie ja seine Tante zweiten Grades und er ihr Großcousin – kein besonderes Interesse gezeigt, war er doch acht Jahre jünger als sie. Als Sisi im Alter von 13 Jahren erstmals für junge Männer schwärmte, war Ludwig erst fünf Jahre alt. Doch er verehrte Sisi, wie er später versicherte, schon als Knabe. Nach Elisabeths Heirat mit Franz Joseph hatten sie sich beide aus den

[45] Corti, S. 110 f.

Augen verloren. Sie war inzwischen Mutter von drei Kindern, während er Ende 1863, eben erst volljährig geworden, an der Münchner Universität studierte, nicht ahnend, dass er schon in drei Monaten König sein würde. In der Freizeit beschäftigte er sich vor allem mit Richard Wagners Operndichtungen und sehnte sich nach einer Begegnung mit dem verehrten Komponisten.

Heiligabend 1863 musste Ludwig mit Fieber und einer Halsentzündung das Bett hüten. Zum Glück hatte er seine Weihnachtsgeschenke schon zusammen, wofür ihm 236 Gulden und 15 Kreuzer zur Verfügung standen. Die Bescherung fand erst am 27. Dezember statt, nachdem es ihm besser ging. Für seinen Bruder Otto hatte er Knöpfe aus rosa Email besorgt und das Buch „Die letzten Tage von Pompeji" von Edward Buwler-Lyttin, dazu ein paar Tassen und Gegenstände aus Bronze. Von Otto erhielt er im Gegenzug ein schönes Bild der Nibelungen. Seiner geliebten Erzieherin Sybilla von Meilhaus ließ Ludwig eine Brosche und Ohrringe zukommen.

Einen Tag vor Silvester 1863 findet sich in Ludwigs Tagebuch der Eintrag von einem eigenartigen Traum. Da nahen sich ihm bei Schloss Nymphenburg Schwanenritter in einem Kahn und bei Hohenschwangau erhebt sich ein Schwan in die Lüfte. Im März 1864 starb unerwartet König Max II. und sein Sohn kam als Ludwig II. auf den Thron, obwohl er sich mit 18 Jahren dazu noch gar nicht in der Lage fühlte. Sofort erregte er allgemein Aufmerksamkeit, auch bei seiner Cousine Elisabeth, die er im Juni 1864 in Kissingen traf. Sie war neugierig, „Ludwig II. wiederzusehen, von dem man sagt, daß er mit seinem dunkelbraunen Haar, das ein edles Gesicht umrahmt, aus dem ganz eigenartig faszinierende blaue Augen hervorleuchten, wunderbar schön ist."[46] Er, von ihrer zauberhaften Schönheit und ihrem engelhaften Wesen geblendet, dehnte seinen geplanten Aufenthalt von zwei Tagen auf vier Wochen aus. Erst jetzt begann eine lebenslange Freundschaft zwischen beiden, die sich in ihrem Wesen

[46] Corti, S. 123

und in vielen Ansichten sehr ähnlich waren. Regelmäßig fanden seither Begegnungen in München oder am Starnberger See statt.

Freiheit, das schönste Geschenk

Franz Josephs Wünsche waren stets recht bescheiden. Schon über eine einfache Büchse zur Aufbewahrung von Keksen oder Zwieback, die er sich ins Arbeitszimmer stellte, konnte er sich herzlich freuen. Sisi erhielt von ihm erheblich wertvollere Geschenke, darunter vom Hofjuwelier gefertigte und mit Juwelen und Perlen bestückte Diademe, Broschen, Colliers, Ringe und Armbänder, die sie bei Empfängen und Audienzen tragen konnte.

Doch eines der schönsten Geschenke machte sich die Kaiserin elf Jahre nach ihrer Hochzeit selbst. Am 27. August 1865 verfasste die 27-Jährige in der Ischler Kaiservilla einen höchst bemerkenswerten Brief an ihren Ehemann Franz Joseph, der sich immer noch die Bevormundung seiner Mutter gefallen ließ:

„Ich wünsche, dass mir vorbehalten bleibe
unumschränkte Vollmacht in Allem,
was die Kinder betrifft, die Wahl ihrer Umgebung,
den Ort ihres Aufenthaltes,
die complette Leitung ihrer Erziehung, mit einem Wort, alles bleibt
mir ganz allein zu bestimmen, bis zum Moment der Volljährigkeit.

Ferner wünsche ich, dass, was immer meine
persönlichen Angelegenheiten betrifft,
wie unter anderem die Wahl meiner Umgebung,
den Ort meines Aufenthaltes, alle Anordnungen im Haus p. p.
mir allein zu bestimmen vorbehalten bleibe.“[47]

[47] Hamann S. 183; Corti, S. 132

Dieses Schreiben gilt als Elisabeths „Unabhängigkeitserklärung“ und entstand, als sie von der unmenschlichen Behandlung ihres Sohnes Rudolf durch dessen überstrengen Erzieher, Leopold Graf Gondrecourt, erfuhr. Da ihr verbaler Einspruch bei Franz Joseph zu keinem Erfolg geführt hatte, wiederholte sie ihn schriftlich. Mit der Forderung nach alleiniger Erziehungsvollmacht für die Kinder verband sie zugleich die Forderung, künftig auch über alle ihre eigenen Angelegenheiten ohne Wenn und Aber alleine zu entscheiden. Und sie setzte sich damit durch. Vier Monate vor dem Heiligen Abend 1865 machte sie sich mit dieser „Unabhängigkeitserklärung“, die ihr endlich Freiheit garantierte, selbst das schönste Weihnachtsgeschenk.

Heiligabend in München

Eine Testmöglichkeit für die durch ihr Ultimatum gewonnene Freiheit ergab sich für Elisabeth bereits zu Weihnachten 1865. Wieder einmal hielt sie es nach Streitigkeiten mit ihrer Schwiegermutter in Wien nicht mehr aus. Sie fühlte sich unwohl und informierte Franz Joseph, der sich in Budapest aufhielt, telegrafisch von ihrer Absicht nach München zu fahren, wo sie Dr. Fischer, den Arzt des herzoglichen Hauses, konsultieren wolle. Franz Joseph blieb nichts anderes übrig, als zuzustimmen. Kurz vor Weihnachten brach sie am 13. Dezember 1865 nach München auf. Weder ihre Schwiegermutter noch irgendjemand am Hof waren informiert. Die Bevölkerung war „erstaunt, daß die Kaiserin jetzt, knapp vor Weihnachten und vor ihrem Geburtstag, plötzlich abreist.“ Franz Joseph „hat schleunigst den Gesandten in München anweisen lassen, den König [Ludwig II.] zu bitten, vom Empfang am Bahnhof abzusehen, damit die Reise der Kaiserin möglichst verborgen bleibe“. Aber insgeheim machte Ludwig II. ihr doch seinen Besuch und fragte nach dem Grund der plötzlichen Fahrt.

Franz Joseph erhielt indes in Ofen einen Brief seiner Frau aus München, wonach sie spätestens am 23., also noch vor ihrem Geburtstag und Weihnachten, nach Wien zurückkehren wolle. Aber sie blieb doch bis zum Jahresende in Possenhofen, wo sie sich an die Weihnachtstage ihrer Kindheit erinnerte und sich bei ihrer Familie geborgen fühlte. „Am 30. Dezember erst kehrt sie, über ihren Gesundheitszustand halbwegs beruhigt und in Begleitung ihrer Mutter, nach Wien zurück. Den Neujahrstag [...] begeht sie schon wieder im Kreise ihrer Kinder an der Seite ihres besorgten Gemahls."[48]

Auch zukünftig, so nahm sich die Kaiserin vor, will sie sich von niemandem mehr Vorschriften machen lassen, wenn sie spontan einen Entschluss fasst.

Überraschung der Ungarn

Nachdem Franz Joseph am 12. Dezember 1865 allein nach Budapest gereist war, trat er dort am 17. Dezember bei der Eröffnung des ungarischen Reichstags auf. Dies deutete man als ein zaghaftes Signal für Österreichs Bereitschaft zur Annäherung an die Freiheitsbestrebungen Ungarns. Jetzt durfte man nicht locker lassen und so äußerten die Ungarn den Wunsch, baldmöglichst auch die Kaiserin in der Hauptstadt begrüßen zu dürfen. Gleich am 24. Dezember 1865 wollte eine ungarische Delegation nach Wien kommen, um Elisabeth zum 28. Geburtstag zu gratulieren und sie offiziell zum Besuch nach Ungarn einzuladen. Doch Elisabeth hatte sich, wie erwähnt, nach Possenhofen zurückgezogen, da sie sich krank fühlte.

Erst zwei Wochen nach Weihnachten und ihrer Rückkehr nach Wien konnte sie am 8. Januar 1866 die ungarische Delegation in der Hofburg empfangen. An diesem Tag fand auch die erste legendäre Begegnung zwischen der 28-jährigen Elisabeth und dem 42 Jahre alten Grafen Gyula Andrássy statt. Sie war von dem stolzen magyarischen Aristokraten tief beeindruckt und er von der bildschönen Kaiserin verzaubert, die in ungarischer Nationaltracht auftrat. Es war der Beginn einer lebenslang währenden tiefen Freundschaft.

---

[48] Corti, S. 136 f.

Für die Grußbotschaft des Kardinalprimas, in der dieser von der Liebe und Loyalität der ungarischen Nation zu ihr sprach, dankte die Kaiserin zur Verblüffung aller in freier Rede in fehlerlosem Ungarisch, was der ungarischen Abordnung enthusiastische Eljen-Rufe entlockte. Nach der Hoftafel fand bei einem Cercle auch die erste Unterhaltung der Kaiserin mit Andrássy statt, natürlich in Ungarisch, wobei sich die Kaiserin als leidenschaftliche Fürsprecherin der ungarischen Angelegenheit outete. Sie wolle sich, so versprach sie, mit aller Kraft für den Österreichisch-Ungarischen Ausgleich einsetzen, also für die Gleichberechtigung Ungarns.

Schon am 29. Januar 1866 folgte sie der Einladung der Ungarn und reiste mit ihrem Mann nach Budapest, wo vor allem sie umjubelt wurde. Bei ihrem Abschied am 5. März 1866 versicherte sie: „Ich hoffe, bald wieder in mein geliebtes, geliebtes Ungarn zurückkehren zu können."[49] Doch da zogen sich von Preußen her pechschwarze Wolken über Österreich zusammen, die großes Unheil verhießen.

[49] Corti, S. 144

Weihnachten in Ungarn und anderswo

1866 bis 1871

Ein Stern ist aufgegangen

Erst sechs Jahre waren seit dem italienischen Unabhängigkeitskrieg 1859 vergangen, da drohte Österreich 1866 erneut eine kriegerische Auseinandersetzung, diesmal mit Preußen. Kanzler Otto von Bismarck wollte Österreich aus dem Deutschen Bund ausschließen und strebte die Einigung Deutschlands allein unter preußischer Führung an. Er verband sich mit Italien, ließ sich von Frankreich Neutralität zusichern und unterstützte die Loslösungsbestrebungen Ungarns von Österreich, um der österreichischen Monarchie den Todesstoß zu versetzen.

Elisabeth hasste die machtgierigen Preußen, ängstigte sich vor Bismarcks brutaler „Blut- und Eisenpolitik" und wünschte dem Preußenkönig sogar den Tod. Sie erkannte, dass es nur eine Rettung gab: Österreich müsse sich unbedingt und zwar schnell mit Ungarn aussöhnen.

Um dies zu erreichen, scharte sie einen „Ungarn-Clan“ um sich. Dazu gehörten vor allem Gyula Graf Andrássy, der Politiker Franz Deák und die Gräfin Ida Ferenczy, aber auch der Journalist Max Falk, der Schriftsteller Josef Eötvös und etliche andere bedeutende Magyaren. Elisabeth vervollkommnete ihre Kenntnisse in der ungarischen Sprache und die Ungarn spürten ihre tiefe Zuneigung zu ihnen, vertrauten ihr und sahen in ihr schon bald den „Schutzgeist Ungarns“. Sisis Schwiegermutter war hingegen eine Ungarnfeindin und bewirkte, dass am Wiener Hof eine ungarnfeindliche Stimmung herrschte. Auch Franz Joseph hatte eine distanzierte Haltung zu Ungarn.

Mitte Juni 1866 erklärte Preußen, das zur Großmacht werden wollte und die Vernichtung Österreichs anstrebte, Kaiser Franz Joseph den Krieg, der schon am 3. Juli in der Schlacht bei Königgrätz für Österreich verloren war. Wieder einmal waren die Schlachtfelder mit Toten übersät. Allein 44.000 österreichische Soldaten fielen, zweimal so viele wie in Solferino 1859. Wieder richtete Elisabeth in Schloss Laxenburg für die Verwundeten ein Spital ein und pflegte selbst „mit wahrhaft mütterlicher Art die Verwundeten.“[50] Da in Wien der Einmarsch Preußens befürchtet wurde, plante das habsburgische Kaiserhaus schon die Flucht. Elisabeth zog sich mit ihren Kindern nach Budapest zurück, kehrte nach Beginn der Friedensverhandlungen Ende Juli zwar nach Wien zurück, um wenig später erneut nach Ungarn zu den zahllosen Verwundeten zu reisen, für die im Schloss Gödöllő ein Lazarett eingerichtet worden war.

Mit ganzer Kraft redete sie auf ihren Mann ein, nun endlich dem Ausgleich mit Ungarn zuzustimmen und damit die Doppelmonarchie Österreich-Ungarn zu ermöglichen. Sie setzte ihn „mit täglichen, immer energischeren Briefen […] unter Druck, unterstützte die ungarischen Forderungen und drängte ihn zur Eile.“[51] Nur dadurch sei eine Rettung der österreichischen Monarchie möglich. Franz Joseph

---

[50] Hamann, S. 226

[51] Hamann, S. 229

zögerte noch, doch Elisabeth ließ nicht nach und wirkte massiv auf ihn ein, bis endlich an Weihnachten 1866 über dem Kaiserhaus ein Stern aufging, der verkündete, dass der Ausgleich mit Ungarn in greifbare Nähe rückte. Für Elisabeth war dies das schönste Weihnachtsgeschenk 1866, auch wenn der Ausgleich mit Ungarn erst am 18. Februar 1867 vollzogen und dann zu Weihnachten 1867 mit der Unterzeichnung des Schlussprotokolls vom 26. Dezember 1867 endgültig besiegelt wurde. Damit war die ungarische Verfassung von 1848 wiederhergestellt, was nach Überzeugung der Ungarn ohne Elisabeths Einsatz nicht passiert wäre.

Das „Beinahe-Christkind“ riecht nicht gut

Zu Weihnachten 1866 stand Elisabeths sechs Jahre jüngere Schwester Mathilde – in der Familie wegen ihrer piepsigen Stimme von allen „Spatz“ gerufen – kurz vor der Niederkunft. Es gab Gerüchte, dass der Vater des Mädchens ein junger Offizier sei, von dem Mathilde im Mai 1866 schwanger geworden war. Ihre Ehe mit Graf Ludwig von Trani, dem jüngeren Halbbruder von Ex-König Franz II. von Neapel, war nämlich nicht glücklich. Mathilde wurde von ihrem alkoholabhängigen Mann betrogen, weshalb sie sich später von ihm trennte.

Fast wäre Mathildes Töchterchen ein Christkind geworden, doch Maria Theresia kam erst am 15. Januar 1867 in Zürich zur Welt. Obwohl Elisabeth vom preußisch-österreichischen Krieg 1866 nervlich noch angeschlagen war, reiste sie zu ihrer Schwester nach Zürich, um ihr behilflich zu sein. Aber auch selbst wollte sie zur Ruhe kommen, was ihr aber nicht gelang. Sie beklagte sich beim Züricher „Regierungspräsidenten und dem Chef des Großen Rates, Dr. Escher, daß ihr die Schulknaben auf den Spaziergängen immer scharenweise nachlaufen, was sie schon ganz nervös mache.“[52] Sie bat darum, in Ruhe gelassen zu werden.

[52] Corti, S. 170 f.

Auch von Mathildes Töchterchen, diesem „Beinahe-Christkind“, schien sie nicht allzu begeistert gewesen zu sein, wie sie ihrem neunjährigen Sohn, dem „kleinen, süßen Rudolf“ brieflich mitteilte: „Im großen ganzen ist das Wickelkind nicht so abscheulich, wie solche Kinder zu sein pflegen, nur von der Nähe riecht es nicht sehr gut.“[53] Auch ihrer Mutter Herzogin Ludovika schrieb sie: „Die Kleine ist mir am liebsten, wenn ich sie nicht sehe und höre, denn wie Du weißt, weiß ich kleine Kinder nicht zu schätzen.“[54] Maria Theresia, die „Mädi“ gerufen wurde, befreundete sich später mit Elisabeths Lieblingskind Marie Valerie.

Drei Geschenke Elisabeths an Ungarn

Drei Geschenke verdankte das ungarische Volk in den Jahren 1866 bis 1868 der verehrten Kaiserin Elisabeth.

Das erste Geschenk war, wie erwähnt, ihr Einsatz für den Ausgleich mit Ungarn, bei dessen Zustandekommen Elisabeth 1866/67 maßgeblich mitwirkte. Der Friede zwischen Österreich-Ungarn und die Freiheit des ungarischen Volkes lagen ihr am Herzen, weshalb sie als Sprachrohr Graf Andrássys am Wiener Hof fungierte und sich gegen die Einwände Franz Josephs, seiner Mutter und der ungarnfeindlichen Minister durchsetzte.

Dass Elisabeth ihre Königin wurde, war für die Ungarn ein zweites Geschenk des Himmels. Die Krönung Kaiser Franz Josephs zum König von Ungarn und Elisabeths zur ungarischen Königin am 8. Juni 1867 besiegelte die Versöhnung der Ungarn mit den Habsburgern.

Nach der Krönung wurde im Schloss Gödöllő etwa im August jenes Kind gezeugt, das später das „ungarische Kind“ heißen und Sisis Lieblingskind werden sollte. Es war ihr drittes Geschenk an die Magyaren, zugleich aber auch ein Geschenk an ihren Mann. Am 22. April 1868 kam Marie Valerie in der Budaer Burg zur Welt. Das

[53] Corti, S. 171

[54] Corti, S. 171

„ungarische Kind" galt als Symbol der Freundschaft zwischen Österreich-Ungarn.

Das Weihnachtsfest 1868 mit Elisabeths Lieblingskind wurde zu einem besonders innigen Fest. „Jetzt weiß ich es, was für eine Glückseligkeit ein Kind bedeutet – jetzt habe ich schon den Mut gehabt, es zu lieben und bei mir zu behalten"[55], versicherte die Kaiserin noch Jahre später ihrer Hofdame Gräfin Festetics.

Diese drei Geschenke Elisabeths an Ungarn – ihre Mitwirkung beim Ausgleich, ihre Krönung zur Königin Ungarns und die Geburt des „ungarischen Kindes" – erwiderten die Ungarn mit drei eigenen Geschenken: einem Schloss, einer Krönungsgabe und einer bis heute währenden Liebe zu ihr.

Drei Gaben Ungarns an ihre Königin

Wie schon erwähnt suchte Elisabeth im Juli 1866 wegen des Krieges zwischen Österreich und Preußen mit den Kindern Rudolf und Gisela Zuflucht in Ungarn. Da die für sie gemietete Villa in Buda zu eng und die Budaer Burg während des Sommers zu heiß war, logierte sie im ländlichen Schloss Gödöllő, 29 Kilometer von Budapest entfernt. Der Reithof in Gödöllő diente zu dieser Zeit für die vielen verwundeten Soldaten als Lazarett. Ihnen stattete die Kaiserin einen Besuch ab.

Beim Anblick der Gödöllőer Schlossanlage war sie derart beeindruckt, dass sie dieses Schloss sofort erwerben wollte. Doch Franz Joseph winkte ab: „Wenn du willst", schrieb er ihr im August 1866, „kannst du zu den Verletzten nach Gödöllő gehen. Aber bitte nicht mit der inneren Einstellung, dass wir es kaufen wollen, denn ich habe im Moment kein Geld, und in diesen schweren Zeiten müssen wir wirklich streng sparen. Die Preußen haben auch auf unseren Familiengütern schwere Verwüstungen angerichtet, es wird Jahre dauern, das wieder in Ordnung zu bringen. [...] Fast die Hälfte der Pferde musste verkauft werden, und wir werden sehr bescheiden leben müssen."[56]

[55] Marie Festetics. 2.8.1872; Hamann, S. 266

[56] Corti, S. 165 f.

Doch der Wunsch der Kaiserin blieb der neuen ungarischen Regierung nicht verborgen, die sieben Monate später auf Andrássy Rat Schloss Gödöllő dem Herrscherpaar als Geschenk vermachte. „Mit riesiger Freude", schrieb Elisabeth am 17. März 1867 an Franz Joseph, „nahm ich die Nachricht auf, daß Gödöllő unser Besitz sein wird, und erwarte kaum den Augenblick, wo es in Ordnung kommt und wir dort werden wohnen können. Jetzt bin ich noch neugieriger, wenn ich es nur bald sehen könnte."[57]

Schloss Gödöllő mit dem dazugehörigen Schlosspark stellte eine beachtliche Krönungsgabe dar. Von den 136 Räumen des Schlosses waren 103 Wohnräume. 67 davon waren für das Personal reserviert. Die restlichen Räume im Hauptgebäude des Schlosses, nördlich und südlich des Prunksaals, standen Franz Joseph und seiner Gemahlin als königliche Suiten zur Verfügung. Zu Elisabeths Wohnräumen im Schloss gehörten ein Salon, ein Schreib- und Vorlesezimmer sowie ein Schlaf- und Ankleidezimmer. Neben der Wohnung der Kaiserin lagen die Suite ihrer Vorleserin Ida Ferenczy sowie die Kinderzimmer. Eine Wendeltreppe führte ins Erdgeschoss. In den Nebengebäuden befanden sich die Stallungen für die geliebten Pferde der Kaiserin, mit denen sie im Englischen Landschaftsgarten ausreiten konnte, der das Schloss umgab.

Schloss Gödöllő war für Elisabeth aber nicht nur ein Krönungsgeschenk der ungarischen Nation, sondern zugleich das schönste Weihnachtsgeschenk 1867. In dieses herrliche Reiterparadies konnte sie sich jederzeit aus dem ungeliebten Wien zurückziehen.

Doch nach den Krönungsfeierlichkeiten am 8. Juni 1867 überreichten die Ungarn dem Königspaar „als zweites Krönungsgeschenk auch noch 50.000 Golddukaten in prachtvoller silberner Kassette", die Franz Joseph und Elisabeth „den Witwen, Waisen und Invaliden jener Honvéds zugutekommen [lassen], die einst gegen Österreich gekämpft haben, das hat man nicht erwartet. Und [...] in ganz Un-

[57] Corti, S. 173

garn ist man überzeugt, daß dieser Entschluß auf Elisabeth zurückzuführen ist."[58] Das dritte und wohl größte Geschenk der Ungarn an ihre geliebte Königin Elisabeth war die über den Tod hinausreichende innige Liebe der Magyaren zu ihr, dem „irdischen Schutzgeist Ungarns".

Mäusejagd und weihnachtliches Regierungsspiel

In Gödöllő hielt sich Elisabeth besonders gerne auf. Vergnügen bereitete ihr Ende 1868 vor allem die Amme ihrer neugeborenen Tochter Valerie, „die mit tiefer Männerstimme alle möglichen Csárdás" sang und furchtbare Angst vor Mäusen hatte, von denen es in Gödöllő nicht gerade wenige gab. Eine davon geriet im November 1868 sogar ins Zimmer der Kaiserin, worüber sie ihrem Mann folgendes berichtete: „Gestern abends war große Jagd bei mir im alten Zimmer. Die Kinder, Frauen, Lakaien und Kammerweiber hetzten eine Maus mit Besen, Stöcken und Tüchern, es war eine wahre Steeple-chase [Hetzjagd], bei der die Unglückliche auch einmal in Horse-guards [Elisabeths Hund] Schüssel fiel, aber wieder aus dem Wasser sprang; endlich fing sie Wallner [der Lakai], nachdem sie schon unter Ballys Röcke gekrochen war, und drehte ihr den Hals um."[59] In Gödöllő kam es immer wieder auch zu Spielen mit Elisabeths Tochter Valerie. „Bei kleinen Festen wird Blindekuh, Plumpsack, Fangen mit auf den Rücken gebundenen Händen gespielt. Der Kaiser und die Kaiserin tun mit, als ob sie selbst wieder Kinder wären. An solchen Tagen herrscht nur reizendes, gemütliches Familienleben im kaiserlichen Kreise. Wie Elisabeth aber da heraustritt, kehrt das Mißtrauen wieder."[60]

Zum Weihnachtsabend 1868 kam Elisabeth aus Ungarn, wo sie „in diesem Jahr zweihundertzwanzig Tage verbracht hatte", wieder einmal nach Wien, allerdings nur höchst widerwillig, wusste sie doch, dass man ihr vorwarf, ihre Welt sei „nur mehr eine rein ungarische,

[58] Corti, S. 180

[59] Elisabeth an Franz Joseph, Gödöllő, 2. November 1868, Corti, S. 197

[60] Corti, S. 319 f.

daß sie immer diese Sprache spricht, nur mit Damen aus diesem Lande verkehrt und selbst für die kleine Valerie nur Ammen genommen hat, die dem kleinen ‚Königsmädchen' ungarische Volkslieder vorzusingen verstehen. So ist der Empfang wieder kein allzu sympathischer. [...] ‚Ich bin wohl desparat, hier sein zu müssen'", klagte sie ihrer Mutter, „,und sehne mich fortwährend nach Ofen [auch Buda genannt], wo es in jeder Beziehung so viel schöner und angenehmer ist"[61], als in Wien.

Weihnachten 1868 kam es dann zu folgender Szene. Beim „Regierungsspiel der kleinen Erzherzöge", so notierte Erzherzogin Sophie ins Tagebuch, „erhebt der 10jährige Rudolf den fünfjährigen, in einem großen Fauteuil sitzenden Franz Ferdinand zum König. Er und alle anderen sind die Minister. Nun tritt der Kronprinz vor und fragt: ‚Welche Statthalter wollen Eure Majestät ernennen?' Franz Ferdinand will aufstehen, macht das aber recht ungeschickt und fällt zu Boden. Tolles Gelächter, Rudolf aber sagt bedenklich: ‚Das ist kein gutes Vorzeichen, wenn eine Majestät vom Throne fällt.'"[62]

Wie recht Rudolf mit dieser Äußerung hatte, ahnte keiner, auch Elisabeth nicht. 46 Jahre später, am 28. Juni 1914, wurden Erzherzog Franz Ferdinand und seine Frau in Sarajevo ermordet, wodurch der Erste Weltkrieg ausgelöst wurde und sechs Jahre später die Monarchie der Habsburger in Österreich unterging.

Elisabeths „Liebesgabe" und die Geburt eines Christkinds

Elisabeths vier Jahre jüngere Schwester Marie wurde im Alter von 17 Jahren mit dem frommen König Franz II. von Neapel-Sizilien verheiratet, der aber regierungsunfähig war. Es war die blutjunge Marie, die 1860/61 gegen Garibaldi wie ein Mann um den Erhalt des Königreiches Neapel-Sizilien kämpfte. Doch ihr heftiger Widerstand, der ihr den Ehrentitel „Heldin von Gaeta" eintrug, führte zu keinem

[61] Elisabeth an Herzogin Ludovika, Wien, 15. (?) Januar 1869; Corti, S. 200:

[62] Hamann, Brigitte: Rudolf – Kronprinz und Rebell, Wien – München 1978, S. 47 (Künftig: Hamann – Rudolf)

Erfolg. Schließlich mussten sie und ihr tatenloser Mann im Frühjahr 1861 vor Garibaldis Truppen ins Exil nach Rom fliehen, wo ihnen im Palazzo Farnese Aufenthalt gewährt wurde.

Ex-Königin Marie genoss nun ein freies Leben und produzierte in Begleitung ihrer Schwester Mathilde laufend Skandale. Sie schwamm nackt in Ostia im Meer, rauchte Zigarillos in der Öffentlichkeit und da ihr Mann wegen einer angeborenen Phimose zeugungsunfähig war, hatte sie auch Beziehungen zu anderen Männern. 1862 wurde die 20-Jährige vermutlich von einem spanischen Gesandten schwanger, was sie ihrem Mann verheimlichte. Anfang Juli 1862 verließ sie in Begleitung Mathildes Rom. Beide reisten unter strengstem Inkognito nach München, wo sie mit der 25-jährigen Elisabeth zusammentrafen. Die drei Schwestern eilten nach Possenhofen zum Stammsitz der herzoglichen Familie. Während die Mutter Ludovika über Maries Fehltritt entsetzt war, meinte der seitensprungerfahrene Herzog Max lapidar: „Naja, solche Sachen passieren nun einmal. Wozu also das Gegacker!“[63] Im Familienrat wurde beschlossen, dass Marie sich in das Dominikanerinnenkloster St. Ursula in Augsburg zurückziehen solle. Dort brachte sie am 24. November 1862 eine uneheliche Tochter zur Welt, die nach der Geburt an Pflegeeltern weitergegeben wurde.

Auf Zureden ihrer Familie entschloss sich Marie im April 1863 zu ihrem Mann zurückzukehren und ihm alles zu gestehen. Nach einer Aussprache renkte sich die Beziehung des Paares zwar wieder ein, aber nach wie vor lebte sie mit ihm wie Bruder und Schwester zusammen. Deprimiert reiste sie deshalb nach Budapest zu ihrer Schwester Elisabeth, die sich mit einem Schreiben an ihren Schwager Franz in Rom wandte und ihn auf seine Ehepflichten hinwies. Endlich entschloss sich Maries Mann, einen operativen Eingriff vornehmen zu lassen, damit die Ehe endlich vollzogen werden konnte.

---

[63] Hamann, S. 163

Sisi motovierte ihre Schwester Marie mit der Ankündigung einer „Liebesgabe“ zur Rückkehr nach Rom in den Palazzo Farnese, wo sie im Schlafzimmer Sisis „Liebesgabe“, ein prunkvolles Ehebett, erwartete. Im März 1869 wurde Marie endlich von ihrem Ehemann schwanger.

Am 8. Dezember 1869 reiste Elisabeth nach Rom, nahm im Petersdom an der Eröffnung des Konzils teil und wurde vom Papst Pius IX. empfangen. Sie wohnte im Palazzo Farnese bei ihrer Schwester Marie, die kurz vor ihrer Niederkunft stand. Am 24. Dezember, an Elisabeths Geburtstag, brachte Marie die Tochter Maria Christina Pia zur Welt. Elisabeth kümmerte sich sofort um das „Christkind“, war „rührend um ihre Schwester besorgt und Tag und Nacht um sie, so daß sie sich in den großen, kalten Zimmern des Palazzo mit seinen Mosaikböden im leichten Nachtkostüm einen Husten holte, den sie dann mit dem Trinken von Eselsmilch zu heilen versuchte.“[64] Doch heilsamer als Eselsmilch war die Einladung zu einer großen Jagd in der Campagna, die sie blitzschnell gesunden ließ. Zum Ärger des Wiener Hofes reiste sie von Rom weiter nach Ungarn.

Maria Pia brachte die Geburt am Heiligen Abend allerdings kein Lebensglück. Schon ein Vierteljahr später starb das Kind am 28. März 1870.

Heiligabend in Meran

1870 kam es erneut zu politischen Spannungen, zum Glück für Österreich aber diesmal zwischen dem machtgierigen Preußen und Frankreich. „Wenn es nur nicht wieder zum Krieg kommt“, stöhnte Kaiserin Elisabeth, „das wäre zu traurig.“[65] Doch am 19. Juli sah sich Frankreich gezwungen, Preußen den Krieg zu erklären. In Wahrheit hatte Bismarck es so hinterlistig eingefädelt, dass Frankreich als Kriegstreiber dastand. Die Preußen eilten von Sieg zu Sieg und nach

[64] Corti, S. 208
[65] Corti, S. 210

Kaiserin Elisabeth mit ihrer Tochter Marie Valerie, zeitgenössische Abbildung

der Schlacht von Sedan am 1. September geriet Kaiser Napoléon III. in Gefangenschaft. Ende Januar 1871 wurde auch der letzte Widerstand in Paris niedergeschlagen.

Im Rückblick auf die Kriege 1859 und 1866, die Österreich verloren hatte, schrieb Elisabeth an Franz Joseph: „Wir werden aber vielleicht doch noch ein paar Jahre vegetieren, bis die Reihe an uns kommt"[66], bis also Preußen auch Österreich den Garaus macht.

[66] Hamann, S. 285 f.

Mit ihrem Entschluss, den Winter 1870 nicht in Wien zu verbringen, stieß Elisabeth wieder einmal ihre Schwiegermutter und den Kaiserhof vor den Kopf. In Begleitung ihrer 14-jährigen Tochter Gisela, der dreijährigen, kränkelnden Tochter Marie Valerie und einem Hofstaat von 106 Personen reiste sie „in strengstem Inkognito" mit der neu in Betrieb genommenen Brennerbahn in die Kurstadt Meran in Südtirol. Dort war Schloss Trauttmansdorff für sie gemietet und für 23.000 Gulden prunkvoll eingerichtet und renoviert worden. Von Tiroler Schützen und von Fähnchen winkenden Schulkindern erwartet, traf die Wagenkolonne am 17. Oktober 1870 ein. An der Spitze fuhr ein einfacher Zweispänner, in dem zwei Frauen saßen, die für Hofdamen gehalten wurden und keine Beachtung fanden. Erst als bei der Einfahrt in den Hof von Schloss Trauttmansdorff die Landeshymne ertönte, wurde den Wartenden klar: Die Kaiserin ist bereits in der ersten Kutsche an ihnen vorbeigefahren. Sie wollte ihre Ruhe haben und verkroch sich in ihre vier kleinen Zimmer im zweiten Stock des Südwesttraktes, von denen aus sich ihr eine herrliche Aussicht auf das Etschtal und die beeindruckende Bergwelt bot. Während ihres Aufenthalts lebte sie zurückgezogen und flanierte im Schlosspark zwischen den Blumenbeeten im Garten und durch die Laubengänge. Sie freute sich, als auch zwei ihrer Schwestern eintrafen, so Marie, die Ex-Königin von Neapel, mit ihrem Ehemann Franz, die soeben beide von italienischen Truppen aus Rom vertrieben worden waren. Außerdem erschien auch ihre Schwester Sophie mit ihrem Ehemann, dem Herzog von Alençon.

Zu ihrem 33. Geburtstag am 24. Dezember kam dann auch noch Franz Joseph mit Kronprinz Rudolf über die Weihnachtstage. Hofkaplan Filip las in der Schlosskapelle die heilige Messe. Franz Joseph bemerkte, wie sehr seiner Frau Schloss Trauttmansdorff, das Klima und die Landschaft gefielen, weshalb er überlegte, dieses Schloss für sie zu erwerben. Das wäre doch ein wirklich schönes Weihnachtsgeschenk! Doch der Plan wurde aus finanziellen Gründen dann doch nicht realisiert.

Elisabeths Aufenthalt und die Genesung ihrer kränkelnden Lieblingstochter Marie Valerie machten Meran als Nobelkurort weithin bekannt. Hier in Meran, so betonte die Kaiserin auch bei späteren Aufenthalten immer wieder, habe sie sich stets sehr wohl gefühlt.

Ein Irrenhaus zum Weihnachtsfest

Schon am 15. Oktober 1871 kam die Kaiserin zum zweiten Mal nach Meran, allein mit ihrer Tochter Marie Valerie, um deren Gesundheitszustand sie stets ängstlich besorgt war. Da Ende November in Wien einige Scharlachfälle auftraten, lehnte sie den Besuch Franz Josephs diesmal energisch ab, da er Valerie ja anstecken könnte. Auch ihre Kinder Rudolf und Gisela waren nicht bei ihr. Sie hielten sich wegen der Scharlachfälle in Salzburg auf. Das Weihnachtsfest 1871 erlebte die kaiserliche Familie also getrennt.

Franz Joseph erkundigte sich aber bei seiner Frau, was sie sich zu ihrem Namenstag am 19. November wünsche, worauf ihm Elisabeth antwortete: „Nachdem Du mich fragst, was mich freuen würde, so bitte ich Dich entweder um einen jungen Königstiger (zoologischer Garten in Berlin, drei Junge) oder ein Medaillon. Am allerliebsten wäre mir ein vollständig eingerichtetes Narrenhaus. Nun hast Du Auswahl genug."[67] Elisabeth scherzte damit nicht. Aufgrund ihrer genetischen Veranlagung sorgte sie sich tatsächlich, dass ihr hochgradiges Nervenleiden früher oder später in eine geistige Erkrankung münden könnte. Bekanntlich besuchte sie auf ihren Reisen regelmäßig „Irrenanstalten" und nahm Anteil am Leiden der Patienten.

Wie sie die Geisteskrankheit beurteilte, teilte sie einmal ihrem Vorleser Christomanos mit: „Haben Sie nicht bemerkt, daß bei Shakespeare die Wahnsinnigen die einzigen Verständigen sind? So weiß man auch im Leben nicht, wo die Vernunft und wo der Wahnsinn sich findet, sowie man auch nicht weiß, ob die Realität der Traum oder

---

[67] Elisabeth an Franz Joseph, 14. November 1871; Corti, S. 217

der Traum die Wirklichkeit ist. Ich neige dazu, jene Leute für vernünftig zu halten, die man wahnsinnig nennt. Die eigentliche Vernunft hält man für ‚gefährliche Verrücktheit'".[68] Sollte einmal auch bei ihr, wie schon bei anderen ihrer Verwandten – so bei ihrem Großvater Herzog Pius, bei ihrem Cousin Ludwig II. und dessen Bruder Otto – eine Internierung in einer Anstalt erforderlich werden, wünschte sie sich zumindest eine sorgfältige Pflege. Als Kaiserin stünde ihr natürlich auch ein eigenes „vollständig eingerichtetes Narrenhaus" zu. Franz Joseph entschied sich allerdings weder für das Narrenhaus noch den Tiger, sondern für das Medaillon.

Doch die beiden wahren Weihnachtsgeschenke 1871 waren für Elisabeth zum einen die von ihr lebhaft begrüßte Ernennung ihres Freundes Graf Andrássy zum Minister des Äußeren und des kaiserlichen Hauses. Zum anderen trat am 21. Dezember eine außergewöhnliche Person in ihr Leben. Es war die intelligente und hübsche Hofdame Marie Festetics, die zu ihrer intimsten und engsten Vertrauten werden sollte. Die ersten Worte, die Elisabeth lächelnd an Marie richtete, lauteten: „Na, ich glaube, wir werden uns aneinander gewöhnen. [...] Andrássy teilte mir mit, daß Sie aufrichtig und wahrhaftig sind, bitte, seien Sie mit mir auch so. Wenn Sie mir etwas sagen wollen, sagen Sie es mir aufrichtig und offen, wenn Sie etwas wissen wollen, fragen sie mich, nie jemand andern. Wenn sie über mich schimpfen, eine Gewohnheit dieses Hauses, dann glauben Sie es nicht."[69] Marie befolgte die Worte ihrer Herrin und hielt ihr bis zum Tod die Treue.

[68] Christomanos, Constantin: Tagebuchblätter [1899], Wien 2007, S. 69 (Künftig: Christomanos)

[69] Walterskirchen, Gudula / Meyer, Beatrix: Das Tagebuch der Gräfin Marie Festetics. Kaiserin Elisabeths intimste Freundin, St. Pölten-Salzburg-Wien 2014, S. 46 (Künftig: Festetics-Tagebuch): Corti, S. 218 f.

Allerlei Weihnachtsüberraschungen

1872 bis 1880

Weihnachten in Gödöllő

Seit 1872 nahmen Elisabeths Aufenthalte in Gödöllő – oft zusammen mit Franz Joseph und den Kindern – von Herbst bis zum Frühjahr weiter zu. „Hier hat man seine Ruhe", versicherte sie ihrer Mutter, „keine Verwandten, niemand sekkiert dich, im Gegensatz zu Wien, wo die ganze kaiserliche Bagage ist! Hier bedrückt mich gar nichts, ich lebe hier wie im Dorf, ich kann allein spazieren gehen oder Kutschfahrten machen!" Natürlich kam auch das Reiten nicht zu kurz. Gerne nahm Elisabeth im Kreis der ungarischen Pferdesport-Elite an Reiterwettkämpfen teil, bei denen Spitzenreiter um ihre Gunst buhlten. Dass sie sich dort so häufig aufhielt, sorgte bei den Wienern natürlich für Eifersucht.

Auch Festtage verbrachte sie mit Vorliebe im Schloss Gödöllő. An ihrem Namenstag am 19. November bereiteten ihr die Einheimischen mit Fackelumzügen und fröhlichen Serenaden Freude. Ebenso fanden ihr Geburtstag, das Weihnachtsfest, Silvester und Neujahr mehrfach in Gödöllő statt. Im neun Meter hohen Festsaal des Schlosses erstrahlte am Heiligen Abend ein riesengroßer bis zur Zimmerdecke aufragender, prächtig geschmückter und beleuchteter Christbaum. Wie es heißt, habe die Kaiserin beim Dekorieren oft selbst geholfen. Elisabeths Lieblingskind Marie Valerie erhielt natürlich „zum Christfeste stets ihren eigenen reichgeschmückten Weihnachtsbaum, dessen sich auch die Gödöllőer Kinder freuten, da sie immer die Hälfte der Geschenke erhielten. So entwickelte sich schon im zarten Kindesherzen die Lust an der Wohltätigkeit, so dass die Prinzessin oft selbst ihre Eltern bat, einen Theil der Geschenke in Geld zu geben, damit sie arme Kinder damit betheilen [bescheren] könne."[70] Auch nach ihrer Heirat beschenkte Valerie zur Weihnachtszeit in Lichtenegg und Wallsee arme Kinder und notleidende Menschen, was ihr den Titel „Engel von Wallsee" eintrug.

Elisabeths Nichte, Marie Louise von Wallersee-Larisch, erlebte 1876 Weihnachten in Gödöllő im Kreis der kaiserlichen Familie und schrieb darüber in ihren Erinnerungen: „Weihnachten feierte ich mit der Kaiserin und amüsierte mich prächtig. Fest folgte auf Fest und die glückliche, friedvolle, trauliche Stimmung der Feiertage herrschte überall. Drei große Christbäume waren mit Geschenken beladen, und Rudolf und ich teilten einen Tisch zwischen uns, der mit Bonbons überschüttet war. Ich weiß noch genau, wie er mich damit ärgerte, daß er die Ecken meiner Süßigkeiten anknabberte und sie dann in die seidenen Schachteln zurücklegte. Der Kaiser schenkte mir ein wunderschönes schwarzes Emaillekreuz mit eingelegten Diamanten, einige reizende Armbänder und niedliche Fächer. Von Tante Sissi [sic!] erhielt ich traumhafte Kleider, die nur Schöpfungen eines großen Wiener Schneiders sein konnten, und last but not least erhielt ich ein großes Album mit einem Gemälde von Gödollö auf dem Einband, das die Photographien der hervorragendsten Jagdgenossen enthielt. Nach Weihnachten kehrte ich nach München zurück."[71]

---

[70] Ripka, Franz: Gödöllő, gekürzte Fassung der Ausgabe Wien 1898, S. 58 (Künftig: Ripka – Gödöllő)

[71] Wallersee-Larisch, Marie Louise von: Meine Vergangenheit, Leipzig 1935, S. 63 (Künftig: Wallersee-Vergangenheit)

Weihnachtsgeschenke bei Kaisers

Der Kaiser überraschte seine Frau gerne mit kostbarem Schmuck und dies nicht nur an Weihnachten, obwohl sie keine allzu große Begeisterung für Schmuck zeigte. Die berühmten 27 Diamantsterne, die sie später in ihr Haar flocht, gab Franz Joseph bei den Juwelieren Köchert und Pioté in Auftrag und schenkte sie ihr über mehrere Jahre hinweg zu besonderen Anlässen wie ihrem Namenstag oder Geburtstag an Weihnachten.

Gisela, Rudolf und Valerie erhielten von ihrer Mutter, solange sie klein waren, allerlei Spielsachen und Souvenirs, die sie von ihren Reisen mitbrachte, die Töchter auch Puppen und Puppenstuben. Rudolfs Tochter Erzsi, die schon als Kind Spaß am Garteln hatte, bekam einmal Gartengeräte, aber auch einen sprechenden Amazonen-Papagei und einen singenden Gimpel. Später erhielten Elisabeths Kinder auch Geldgeschenke in Höhe bis zu 2000 Gulden sowie „kostbare Schmuckstücke, aber auch moderne technische Gerätschaften wie etwa Grammophone."[72] Kronprinz Rudolf, der schon als Kind lebhaftes Interesse an der Tier- und Pflanzenwelt zeigte und den vor allem die Vogelkunde faszinierte, war mit Bildern, Büchern und Schriften zu diesem Thema zu erfreuen, aber auch mit Jagdwaffen, da er wie sein Vater die Jagd liebte.

Auch Hofdamen und Vorleser vergaß die Kaiserin nicht und beglückte sie mit Geldgeschenken zwischen 300 und 600 Gulden sowie mit Schmuckstücken. So erhielt „Marie Festetics 1876 als Namenstags- und Weihnachtsgeschenk einen Brillantstern im Wert von 550 Gulden [und] 1877 zusätzlich 400 Gulden und zwei Fächer im Wert von 130 Gulden."[73] Die Hofdame Paula von Branca bekam 1886 „ein Kreuz aus Diamanten".[74] Andere Damen wurden von ihr gelegentlich sogar mit eigens angefertigten Diamantsternen bedacht.

---

[72] Unterreiner, S. 91 ff.

[73] Unterreiner, S. 92

[74] Schad Martha / Schad Horst (Hrsg.): Marie Valerie. Das Tagebuch der Lieblingstochter von Kaiserin Elisabeth von Österreich, München 2007 (Künftig: Valerie-Tagebuch), S. 100

Franz Joseph, der sich nie etwas wünschte, wurde von seiner Frau mit Gegenständen und Bildern überrascht, die sich auf seine Jagdbegeisterung und seine Freude am Reiten bezogen, darunter wertvolle Jagdgewehre. So erhielt er von ihr „aus Jagdtrophäen des Kaisers zusammengestellte Decorationsstücke, Manschettenknöpfe aus Gold mit ‚Kranln' von vom Kaiser geschossenen Hirschen und Rehböcken, Damasttischzeug für die Jagdschlösser, in dessen Dessin Geweihe und Hirschköpfe sichtbar wurden", darunter auch Jagdmotive, so „acht prachtvolle Cartoons von Franz v. Pausinger."[75] 1891 bekam er von Elisabeth eine Herren-Reitpeitsche mit einem mit Granaten besetzten Griff aus geschnitztem Elfenbein und seinem Monogramm „FJI." [Franz Joseph I.] aus vergoldetem Metall, darunter ist eine Porträtfotografie Elisabeths eingelassen. Zur Ergänzung des Haushalts in seinem Jagdschloss Mürzsteg erhielt er von ihr aber auch nützliche Dinge, u.a. einen schmucken Aschenbecher, einen Speisezimmerteppich aus Velours oder 1895 ein halbes Hundert Abwischtücher aus ungebleichtem Leinen.

Das „Kaiserin Elisabeth Museum" in Pöcking – eingerichtet im historischen Bahnhof Possenhofen – zeigt ein Gebetbuch, das Gisela ihrer Mutter Elisabeth zum 35. Geburtstag am Heiligen Abend 1872 überreichte. Zu sehen ist auch ein goldener mit Diamanten geschmückten Zweig, den Sisi ihrer Tochter Marie Valerie schenkte. Zu Weihnachten 1885 erhielt Gisela von ihrer Mutter ein goldenes Medaillon in einer Lederschatulle. Im geöffneten Zustand zeigt es Porträtfotos von Gisela und Kronprinz Rudolf aus der Zeit des Aufenthalts in Venedig im Winter 1861/62. Gisela und Rudolf verband eine herzliche Zuneigung. Auf der Vorderseite des Medaillons sind Blumen aus Türkis zu sehen, auf der Rückseite befindet sich die Gravur: „Mama 24. Dec. 1885".

Im „Museum der Bayerischen Könige" in Hohenschwangau ist eine diamantbesetzte Tabatière mit einem Brustbild König Ludwigs II.

---

[75] Nolston, L. K., Ein Andenken an die Kaiserin und Königin Elisabeth, Wien 1899, S. 99 f. (Künftig: Nolston)

ausgestellt. Die Dose war ein Geschenk Ludwigs zum 44. Geburtstag seiner von ihm verehrten Cousine an Heiligabend 1881 – eigentlich war sie eine Tante zweiten Grades. Die Gravur auf der Innenseite des Deckels lautet: „Angebetete, aufrichtig geliebte Sisi! Niemand auf Erden ist mir so teuer als Du! Ludwig". Ludwigs Anrede „Sisi" belegt auch, dass ihr Name mit nur einem „s" geschrieben wurde. Mit der Bezeichnung Tabatière wurden früher übrigens alle Dosen dieser Größe bezeichnet, also nicht nur Schnupftabakdosen. Sisi benutzte das wertvolle Stück vermutlich als Zier- und Schmuckdose.

Missglückte Geschenke an Elisabeth

Die wertvollsten Geschenke, so etwa sündteure Reitpferde, erhielt Elisabeth von ihrem Mann nicht erst am Heiligen Abend, sondern sofort, wenn sie ihre Wünsche äußerte. Dabei gelang es Franz Joseph aber oft auch nicht, sie damit wirklich zu beglücken. Vor allem zwei der kostspieligsten Geschenke des Kaisers fanden letztlich nicht ihre begeisterte Zustimmung.

1881 – Elisabeth war 44 Jahre alt und Franz Joseph 51 – entschloss sich der Kaiser, bei Hietzing im Lainzer „Thier- und Saugarten" für seine Frau eine Sommervilla errichten zu lassen, mit dem Hintergedanken, dass sie sich häufiger in Österreich und seiner Nähe aufhält. 1886 war der Bau im nahen Wiener Wald abgeschlossen, zu dem eine eigene Reitschule und großzügige Stallungen gehörten. Elisabeth sollte sich hier ja wohl fühlen. Am 24. Mai 1886 kam sie erstmals in das neue zwei Millionen Gulden teure Domizil, war aber mit dem Ergebnis nicht recht zufrieden, was Franz Joseph sehr enttäuschte. Sie mochte die von einer Mauer umgebene Villa nicht, die oft kalt und feucht war, was ihren rheumatischen Beschwerden nicht zuträglich sei, wie sie äußerte.

Beim Einzug im Mai 1887 fühlte sich auch ihre Tochter Marie Valerie hier nicht recht wohl: „Diese Marmorreliefs, diese üppigen Teppiche, Kamine in getriebener Bronze, diese zahllosen Engel und Amoretten, das Schnitzwerk an allen Ecken und Enden, dieser manierierte Rokokostil! Ich wollte, wir wären wieder daheim [in Ischl].“[76] Dem Urteil ihrer Tochter konnte Elisabeth nur zustimmen. Auch wenn sie von 1887 bis 1897 jedes Frühjahr einige Zeit in der „Hermesvilla“ verbrachte, wurde sie hier nicht sesshaft. Franz Joseph erkannte, dass ein höchst kostspieliges Geschenk, mit dem er Elisabeth eine Freude bereiten wollte, völlig danebengegangen war.

Ende 1888 überraschte Elisabeth Franz Joseph mit dem Wunsch, sie wolle sich auf Korfu eine eigene Villa errichten lassen und zwar auf dem Grundstück der alten „Villa Braila“, die in ihren Augen „der schönste Punkt der Welt“ war. Der Kaiser war von den Plänen seiner Frau nicht gerade angetan, da dieses Bauvorhaben eine erhebliche finanzielle Belastung für ihn darstellte. Außerdem war er auch von ihrer Absicht nicht begeistert, sich dauerhaft auf Korfu niederzulassen. Da er aber seiner Engels-Sisi keinen Wunsch abschlagen konnte, unterstützte er nach einigem Zögern die Realisierung ihres Wunsches.

Schon im Juni 1889 lagen die Pläne vor und der Bau konnte begonnen werden. Es entstand ein in den Berg hineingebauter stattlicher Palast im Stil griechisch-antiker Architektur, das „Achilleion“, und zwar an Stelle der von ihr geliebten alten Villa Braila, die buchstäblich platt gemacht wurde. Mitte März 1891 besuchte Elisabeth mit ihrer Tochter Marie Valerie und deren Ehemann das fast fertige Achilleion. Doch mit der Zeit vermisste sie die bescheidene Vorgängervilla Braila immer häufiger und dachte mehr und mehr daran, den Palast wieder aufzugeben. Lapidar stellte sie fest: „Als ich das erste Mal in Korfu war, habe ich die Villa Braila oft besucht; sie war herrlich, weil sie ganz verlassen war inmitten ihrer großen Bäume. Das hat mich so zu ihr hingezogen, daß ich aus ihr das Achilleion gemacht habe. Ich habe aber die alte Wehmut zerstört. Eigentlich bereue ich es jetzt. Unsere Träume sind immer schöner, wenn wir sie nicht verwirklichen.“[77] Schon zwei Jahre nach dem Abschluss der

---

[76] Corti, S. 382 f.

[77] Christomanos, S. 168

Bauarbeiten wollte sie 1893 den Palast wieder verkaufen, der die stolze Summe von neun Millionen Goldfrancs kostete, die Franz Joseph aus seiner Privatschatulle bezahlte. Er war geschockt und riet ihr entschieden vom Verkauf ab. Diese Sprunghaftigkeit seiner Frau ging ihm dann doch zu weit, und was würde die Öffentlichkeit dazu sagen? Doch sie ließ der Gedanke an den Verkauf nicht mehr los. Im Frühjahr 1896 besuchte sie zum letzten Mal Korfu. Wieder war einer ihrer Träume geplatzt und eine gutgemeinte Absicht des Kaisers, ihr einen Herzenswunsch zu erfüllen, völlig danebengegangen.

Das weihnachtliche Festmahl

Obwohl Elisabeth höchst pedantisch auf ihr Gewicht achtete, hungerte sie nicht jeden Tag. Sie genoss gerne französische Austern, schätzte Fischgerichte, verzehrte gelegentlich aber auch kaltes gebratenes Fleisch. Auch die deftige bayerische Küche liebte sie und trank mitunter sogar Bier. München, so versicherte sie ihrer Hofdame Irma Sztáray, verlasse sie nie, ohne im Hofbräuhaus einzukehren. „Es gehört schon zu meinen Traditionen, in München dem bayrischen Biere die Ehre meines Besuches anzutun.“[78] 1898 bestellte sie inkognito dort für sich und ihre Hofdame zwei Maß Bier. Mehlspeisen und Süßes wie Kipferl, Teegebäck, heiße Schokolade und Cremetorten liebte sie sehr, allerdings streng rationiert. Sie schätzte Walderdbeeren und „Veilchengefrorenes“ mit Veilchensirup. Dann aber lebte sie wieder tagelang allein von frischer Milch, trank lediglich ausgepressten Rinds- oder Kalbfleischsaft oder den Saft ausgepresster Weintrauben. Champagner und Wein gab es nur gelegentlich. Bisweilen aß sie den ganzen Tag aber auch nur zwei Orangen, lebte von rohen Hühnereiern, von Obst und Gemüse, legte aber immer wieder auch strenge Fasttage ein.

[78] Sztáray, Irma Gräfin: Aus den letzten Jahren der Kaiserin Elisabeth. Mit einem Vorwort von Brigitte Hamann, Wien 1909 (Nachdruck 2004), S. 194 (Künftig: Sztáray – Erinnerungen)

Kaiser Franz Joseph war kein großer Gourmet. Er liebte gekochtes Rindfleisch, das bei keinem Festmenü fehlen durfte. „Tafelspitz", bis heute Inbegriff der Wiener Küche, wurde erstmals für ihn zubereitet. Mittags ließ er sich aber häufig nur ein paar Würstel mit Senf und Kren bringen, dazu ein Seidl Bier. Beim Nachtmahl begnügte er sich oft mit Sauermilch und Schwarzbrot.

An Festtagen wie Weihnachten gab es aber zwölf und mehr Gänge mit den herrlichsten Köstlichkeiten. Es wurde u.a. Suppe mit Rind-, Kalb- und Geflügelfleisch aufgetischt, auch Krebsschwänze à la Bordelaise mit Schalotten-Sabayon und frischen Dillspitzen. Es gab Wildbret oder Kalbsrosen mit sautierter Gänsestopfleber und grünem Spargel, Rebhuhnbrüstchen mit Champignonköpfen und Kohlsoufflé, aber auch Auer- und Birkhähne, Fasane, Hummer und Langusten. Schwarzfisch war mitunter am Heiligen Abend beliebt, am ersten Weihnachtsfeiertag Truthahn und am Stefanitag Wildschweinbraten. Zum Nachtisch wurden neben Käse und Orangenkompott auch russische Creme, Birne im Strudelteig oder Pfirsich Cardinal mit Himbeermarksauce serviert. Und zum Kaffee Konfekt, Kognak, Schwedischer Punsch, Benediktinerlikör und Nusstorte.

Appetit hatte Elisabeth nur im Kreis vertrauter Personen, so in Anwesenheit ihrer bayerischen Verwandtschaft oder umgeben von ihren Reiterfreunden in England und Irland, die sich völlig ungezwungen benahmen. So ließ sie sich einmal in England im Beisein ihres geschätzten Trainers Bay Middleton ein Brathuhn servieren, dazu italienischen Salat und als Nachspeise Gebäck und Champagner. Im Juli 1898 bestellte sie im Hotel du Parc in Homburg (Saarland) eine Poularde, wie Irma Sztáray berichtet. „Der Kellner war befremdet und sah sie mit erstaunten, großen Augen an. Eine ganze Poularde? Das werde wohl zu viel sein; auch sei es sehr teuer und zwei Damen könnten es gar nicht verzehren! Alle Einwendungen waren vergeblich, der sparsame Deutsche wollte von einer so entsetzlichen Verschwendung gar nicht hören und servierte wirklich das Geflügel in Portionen." Elisabeth und ihre Hofdame konnten diese Fleischmenge nicht verzehren, aber vor allem deshalb, wie die Hofdame notierte, „weil die Poularde nicht eben tadellos war."[79]

Ein Festmahl nach dem Habsburger Zeremoniell „à la cour" bedeutete übrigens, dass alle Gäste an der kaiserlichen Tafel nur so lange essen durften wie der Kaiser. Hatte dieser einen Gang beendet, wurde der sofort abgetragen, ganz gleich, ob die anderen mit dem Essen fertig waren oder nicht. Es ist anzunehmen, dass sich die Kaiserin im steifen Kreis der kaiserlichen Familie mit den protokollarischen Zwängen beim weihnachtlichen Festmahl doch sehr zurückhielt.

Vom Volk fast erdrückt

Am 2. Dezember 1873 hielt sich Kaiserin Elisabeth anlässlich des fünfundzwanzigsten Regierungsjubiläums des Kaisers in Wien auf. Doch von Freude war bei ihr keine Rede. „Am Abend soll große Beleuchtung sein, vorher aber möchte die Kaiserin ein wenig frische Luft genießen und geht mit Marie Festetics über die Ringstraße, was sie schon so oft unbehelligt getan. Doch heute wird sie erkannt, umringt und umjubelt. Anfangs geht es, lächelnd dankt sie, dann aber strömen von allen Seiten Tausende von Menschen herzu. Bald gibt es kein Vor- und kein Rückwärts. Enger und enger wird es um Elisabeth und ihre Begleiterin, kleiner und kleiner wird der Kreis. Die Gräfin bittet, fleht, Elisabeth und ihr geht der Atem aus, der Angstschweiß steht Ihnen auf der Stirn, die Polizei kann nicht dazu. Da fängt die Gräfin plötzlich an zu schreien: ‚Sie erdrücken ja die Kaiserin! Hilfe! Hilfe! Platz! Platz!' Endlich gelingt es einigen Herren, nach einer Stunde fast, eine schmale Gasse bis zu einem Wagen zu bahnen, schnell ist Elisabeth drinnen, halbtot vor Aufregung und ganz erschöpft. Als sie dann endlich in der Burg anlangt, nachdem sie mühselig im Schritt durch die Menschenmassen gefahren, dankt sie der Gräfin mit einem entzückenden Lächeln: ‚Sie haben mich wirklich gerettet.'"[80]

---

[79] Sztáray – Erinnerungen, S. 200

[80] Corti, S. 247; Festetics -Tagebuch, S. 136

In dieser beengenden Situation hätte auch ein Attentäter durchaus leichtes Spiel gehabt. Elisabeth reichte es und sie reiste am 3. Dezember nach Gödöllő, wo sie über Weihnachten blieb. In Wien war man über „die seltsame Frau", die sich wieder einmal nach Ungarn zurückgezogen hatte, höchst verärgert.

Cholera in München

Nach Weihnachten und Neujahr 1873 reiste Elisabeth nach München, wo am 8. Januar 1874 ihre Tochter Gisela das erste Kind zur Welt brachte. Die Taufe der nach ihr benannten Enkelin Elisabeth Marie wollte die Kaiserin nicht versäumen, obwohl in München schon zum Jahresende 1873 Cholerafälle aufgetreten waren. Schließlich wurde sie durch diese Enkelin im Alter von erst 36 Jahren erstmals Großmutter.

Zum Entsetzen aller entschloss sie sich einen Tag nach der Taufe am 13. Januar trotz der dringenden Warnung ihrer Hofdame Marie Festetics spontan zum Besuch des Choleraspitals in München. Ohne auf die Ansteckungsgefahr zu achten, ging sie von Bett zu Bett und hatte für die Kranken und mit dem Tod Ringenden tröstende Worte. Sie erschien ihnen wie ein vom Himmel gesandter Weihnachtsengel. Nach der Rückkehr wusch sie sich, wechselte die Kleider und warf die Handschuhe weg. „Zwei Tage später, beim Aufstehen fühlt sie sich nicht wohl. Furchtbare Aufregung in der ganzen Umgebung. Aber es ist zum Glück nichts. Ganz München spricht nur von dem mutigen Besuch der Kaiserin."[81] Bei diesem Choleraausbruch starben etwa 1400 Menschen. Elisabeth blieb verschont.

Drei weitere Kontakte im Januar 1874 belasteten Elisabeth ganz besonders. Zum einen der Besuch der Kreisirrenanstalt München, wozu sie von Königin Marie, der Mutter König Ludwigs II., eingeladen wurde und der sie sehr schockierte. Zum anderen die Begegnung mit Maries geisteskrankem Sohn Prinz Otto, der sie am Arm die Trep-

---

[81] Corti, S. 249 f.

pe hinabgeleitete, wobei sie befürchtete, dass er sie aus Ungeschicklichkeit die Treppe hinunterreißen könnte. Dann traf sie auch noch Ottos Bruder, Ludwig II., der erst um elf Uhr nachts dazu zu bewegen war, sich von ihr zu verabschieden. Sie erkannte zwischen ihrem Cousin Ludwig II. und sich „eine gewisse Ähnlichkeit [...] einen Zug von Schwermut und die Liebe zur Einsamkeit"[82], wie sie ihrer Hofdame Festetics sagte. Auch Ottos geistige Erkrankung brachte sie zum Grübeln, ob nicht die in ihrer Wittelsbacher Verwandtschaft vorhandene Veranlagung, geistig zu erkranken, womöglich auch in ihr vorhanden ist.

Reicher Geldsegen vor Weihnachten

Im Sommer 1875 ereignete sich Überraschendes. Franz Josephs Onkel, der steinreiche Ex-Kaiser Ferdinand, starb am 29. Juni 1875 in Prag. Da er kinderlos war, bestimmte er seinen Neffen und Nachfolger Franz Joseph zum Universalerben. Damit kam ein unverhoffter Geldsegen ins Kaiserhaus, denn allein die Güter aus „Ferdinands des Gütigen" Erbe – manche nannten ihn auch „Ferdinand, den Begüterten" – erbrachten jährlich einen Ertrag von mehr als eine Million Gulden. Dazu kam ein Barvermögen von mehreren Millionen Gulden.

Franz Joseph reagierte auf diesen Geldsegen, indem er als Erstes die Apanage seiner Frau erhöhte. Betrug ihr Jahresgehalt zunächst 100.000 Gulden und ab 1870 dann 200.000 Gulden, so verdoppelte er 1875 ihre Apanage und ihr Witwengehalt und schenkte ihr obendrein noch zwei Millionen Gulden zur persönlichen Verfügung. Ihre Apanage konnte sie für „Putz, Kleider, Almosen und kleinere Ausgaben" verwenden. Alles andere, also „Tafel (Nahrung), Wäsche und Pferde, Unterhalt und Besoldung der Dienerschaft und sämtliche Hauseinrichtung"[83] bezahlte ihr Gemahl Franz Joseph.

---

[82] Corti, S. 251

[83] Hamann, S. 50

Auch wenn der neue Geldsegen das Weihnachtsfest 1875 vergoldete, Elisabeths Zufriedenheit und ihr Glück wurden dadurch nicht erhöht. Hellsichtig hatte sie folgenden Vierzeiler mit dem Titel „Ruhelos“ in ihren Kalender notiert:

„Der große Wunsch dem größern weicht,
Nie zieht ins Herz Genügen ein.
Und wenn du je dein Glück erreicht,
So hört es auf dein Glück zu sein.“[84]

Verfinstert wurde Weihnachten 1875 für sie vor allem beim Gedanken an „Shadow“, ihre schwarze Dogge, an die sie sich mit Tränen in den Augen erinnerte. Genau vor einem Monat hatte sie ihren Lieblingshund von seinem schweren Leiden erlöst, indem sie ihn „selbst an Blausäure schnuppern ließ“[85], wie Gräfin Festetics mitteilte. Im Garten von Gödöllő ließ sie dem Tier eine würdige Grabstätte errichten.

Nikolausbesuch bei Erzherzogin Valerie

Zur kaiserlichen Familie kam auch der Nikolaus. Er erschien am 5. Dezember, dem Fest „St. Nicolas Einlegung“, das so hieß, weil Nikolaus bei Gott für die Menschen Fürsprache „einlegte“. Seit dem 17. Jahrhundert fand die weihnachtliche Bescherung noch am Nikolaustag statt. Dazu erschien der Heilige mit einem „Bescherungsbaum mit Lichtern und kleinen Gaben“. Im 18. Jahrhundert zur Zeit Maria Theresias trat der gabenbringende Nikolo auch in Begleitung des strafenden Krampus auf.

1878 kam am 5. Dezember St. Nikolaus in Gödöllő in Ungarn auch zu Elisabeths elfjährigem Töchterchen Valerie. „Ein Lakai als Bischof

[84] Eigenhändige Bleistifteintragung Elisabeths im Kalender „István Bácsi Naptára“, März 1875. Farkas Archiv; Corti, S. 273

[85] Festetics-Tagebuch, S. 144

„Weihnachten in der Hofburg“
Xylografie (Zeitungsillustration) nach einer Zeichnung von Wilhelm Gause (1853–1916), aus: „Über Land und Meer. Deutsche Illustrierte Zeitung“. Dargestellt sind: Kaiser Franz Joseph und Kaiserin Elisabeth, daneben links deren jüngste Tochter Marie Valerie, rechts das Kronprinzenpaar Rudolf und Stephanie, im Vordergrund deren Tochter Elisabeth Marie.

Nicolaus war in das heilige Gewand, mit der Inful [Bischofsmütze] und langem Flachsbarte gekleidet. Die Schreckgestalt des Krampus blieb ausserhalb der Thüre stehen und musste sich nur dann zeigen, wenn dies das Fräulein [Valerie] wünschte. Nachdem sich dieses genügend belustigt hatte, winkte es dem heiligen Nicolaus: ‚Geht auch in den Haraszter Wald [bei Gödöllő]! Bei den Jägern gibt es auch schlimme Kinder. Besonders ist dort ein nichtsnutziger Kutscher, der meine Schneemänner getödtet hat. Besuchet ihn!‘“

Bei dem von Valerie erwähnten „Schneemannsmörder“ handelte es sich um den „Jägerkutscher Pista“. Der war Anfang Dezember in der Abenddämmerung vor einem von Valerie gebauten Schneemann derart erschrocken, dass er auf ihn einschlug, bis er am Boden lag. Sein Bericht über diese „Schreckensthat“ sorgte allerseits für Heiterkeit, auch bei Valerie, die Pista ermahnte, künftig ihre Schneemänner in Ruhe zu lassen. Am Nikolaustag bat sie deshalb St. Nikolaus und den Krampus, auch den Kutscher Pista zu besuchen, der beim Erscheinen der beiden „auf die Knie fiel und dreimal das ‚Vater unser‘ stammelte.“[86]

Blödsinnige Hofbälle

Die Weihnachtszeit endete am Kaiserhof alljährlich Anfang Januar mit dem Hofball, der als gesellschaftlicher Höhepunkt der Kaiserstadt Wien galt und im Zeremoniensaal der Hofburg abgehalten wurde. Neben den Würdenträgern am Hof waren fremde souveräne Fürstlichkeiten geladen, außerdem das diplomatische Corps, die Generalität, die führenden Adelsfamilien, hohe Beamte und angesehene Bürgerliche sowie die aktiven Offiziere der Wiener Garnison. Es erschienen bis zu 2000 Personen, die Zutritt zum Hofe hatten.

Die Kaiserin hasste den Hofball jedoch, musste mit Franz Joseph zunächst aber daran teilnehmen. In ihrem Gedicht „Hofball“[87], mit 55 Strophen eines der längsten Gedichte der Kaiserin, bringt sie zum Ausdruck, wie widerlich ihr dieses Ereignis ist.

Spöttisch beschreibt sie wie zu Beginn des Festes der Zeremonienmeister mit dem Stab voranstolziert und mit dreimaligem lauten Aufklopfen seines Zeremonienstabes auf den Boden signalisiert: „Aufgepasst! Das Fest geht an!“ Das Kaiserpaar erscheint. Elisabeth amüsiert sich über sich selbst, wie sie feierlich in „goldbrokatnen Kleide, reich mit Zobelpelz verbrämt“ und mit „einer Krone als Ge-

[86] Ripka – Gödöllő, S. 59 f.

[87] Poetisches Tagebuch, S. 153

schmeide“ und „das Haar antik gekämmt“ höchst feierlich neben ihrem Herrn Gemahl in „den lichtdurchstrahlten Saal“ schreitet, worauf die Gäste schweigend eine lange Gasse bildeten und sich der Einzug in lautloser Stille vollzieht. Nachdem sich das Kaiserpaar „gnädig vor dem Menschenmeer verneigt hat“, nimmt die Prozedur ihren Anfang.

Elisabeth klagt über die „endlos langen Stunden“, die der Ball bis in die Nacht hinein andauert und in denen ihr „Hirn, geschunden und mit Blödigkeit genährt“ wird, wie sie lästert. Sie macht sich über das diplomatische Corps lustig, das nur imstande ist, eine „naiv kindliche Conversation“ zu pflegen, weshalb sie heilfroh ist, als sie sich von den Gesprächen mit diesen „Vierfüsslergenies“ zurückziehen kann. Nun lässt sie sich auf einem „rotsammtnen Divan“ nieder, wo allerdings ihr „vielgeplagter Geist“ nunmehr „noch ärger belastet und mit Wiener Tratsch gespeist“ wird. Denn sie muss nun durch ihre Obersthofmeisterin die Diplomatinnen und Fürstinnen paarweise auf die Estrade bitten, wo diese dann einige Augenblicke mit ihr konversieren dürfen. Und schon wanzen sich „die höchsten Namen der Wiener Aristokratie“ an sie heran, vor allem die ihr unausstehlichen „Sternkreuz- und Palastes Damen – fett und meistens dumm sind sie.“ Sie hasst diese Weiber, die sie hinter ihrem Rücken „schwer schmähen“, während sie sich ihr gegenüber „unter falschem Heil’genscheine fromm verdrehn“.

Das einzige, was sie etwas aufheitert, ist der Anblick ihres „Püppchens“, ihrer Tochter Marie Valerie, die „schön wie eine Nixe“ unter all den Gästen heraussticht und von ihrem Bräutigam zum Tanz aufgefordert wird. Sie selbst meidet die obligatorischen Tänze Walzer, Lanciers, Quadrillen und Kotillons. Viel zu langsam geht die Zeit vorüber und Elisabeth ist gottfroh, als der Zeremonienmeister das Ende des Hofballs ankündigt und „mit dem Schlag der zwölften Stunde der Unrat weggefegt“ ist.

„Seufzend von dem müden Haupte“ nimmt sie die Krone herab und all das funkelnde Geschmeide, was für andere „eine höchste

Freude“ sein mag, für Sie aber „nur ein schweres Joch“ bedeutet. Die „wahren Juwelen“ sind für sie Heines Worte, die sie in ihrem Herzen trägt und von denen sie sich ermuntern lässt, selbst zu dichten.

In späteren Jahren meidet Elisabeth die Hofbälle, weshalb in ihrer Abwesenheit die jeweils rangälteste Erzherzogin oder eine ausländische souveräne Fürstin bei der Eröffnung des Hofballs den Platz an der Seite Kaiser Franz Josephs einzunehmen hat.

Schatten auf Weihnachten 1878

Die Weihnachtsfeiertage 1878 verbrachte Elisabeth mit gemischten Gefühlen in Gödöllő. Widerwillen befiel sie, wenn sie daran dachte, im Januar schon wieder in Wien zu den verhassten Hofbällen antreten zu müssen. Nur eines hellte ihr Gemüt ein wenig auf, die Gewissheit, 1880 gleich nach Neujahr zu den geliebten, wenn auch höchst riskanten Reitjagden diesmal nach Irland reisen zu können, wo sie in Lord Langfords prächtigem Schloss Meath logierte und ihr und ihrer Reiter-Clique ein ausgedehntes Gelände für Parforcejagden zur Verfügung stand.

Allerhöchstes Missvergnügen bereitet ihr Ende 1878 besonders der Gedanke an die im April 1879 drohende Silberhochzeit, die in Wien festlich begangen werden sollte. Die Kommentare über die Kaiserin fielen in Anspielung auf ihre ständigen auswärtigen Reitjagden allerdings nicht gerade freundlich aus. Anderswo, so spöttelte man, feiere man 25 Jahre Menage, in Wien dagegen 25 Jahre Manege. Ein Vierteljahrhundert war sie nun mit Franz Joseph schon verheiratet, aber nach wie vor der Überzeugung: „Die Ehe ist eine widersinnige Einrichtung. Als fünfzehnjähriges Kind wird man verkauft und tut einen Schwur, den man nicht versteht und dann 30 Jahre oder länger bereut und nicht mehr lösen kann.“[88] Die Silberhochzeit war für sie also kein Grund zu feiern: „Wenn ich nicht daran dächte,“ so gestand sie, „daß die Wiener Geschäfte von der Silberhochzeit in finanzieller

[88] Hamann, S. 85

Hinsicht profitierten, würde ich lieber den 24. April irgendwo in einem stillen Nest verbringen, wo ich mich ganz meinen Gedanken über fünfundzwanzig vergeudete Jahre hingeben könnte.“[89]

Für die Kaiserin war die Silberhochzeit mit kirchlichem Hochamt, all den Huldigungen, Gratulationsstress, Festaktionen und Illuminationen tatsächlich nur eine Plage und Last, weshalb sie, wie ihre Nichte Marie Larisch beobachtete, „eine Miene wie eine indische Witwe machte, die verbannt werden soll.“ Als ihr Marie das sagte, „lachte sie zwar, meinte aber, es sei schon genug, 25 Jahre verheiratet zu sein, aber deshalb Feste zu feiern, wäre unnötig.“[90] Die große Soirée am Vorabend des Hochzeitstages verließ sie bereits nach einer Viertelstunde und Franz Joseph konnte allein die protokollarisch vorgeschrieben Honneurs machen.

Nach den Festlichkeiten flüchtete Elisabeth, begleitet von Franz Joseph, nach Ungarn. Dort verbrachte sie auch Weihnachten 1879 in Vorfreude auf den nächsten Jagdaufenthalt 1880 in Summerhill in Irland.

Weihnachten totgeritten!

Schon seit 1873 gewann die schon in der Kindheit entflammte Reitleidenschaft für die Kaiserin immer größere Bedeutung. Vor allem wurde sie durch die österreichisch-ungarische Reiterelite angeregt, sich bei wilden Parforcejagden in Gödöllő und Umgebung als ebenbürtige Reiterin hervorzutun. Regelmäßig absolvierte sie bei den besten Reitlehrern ein hartes Training. Sie ließ sich auch in der Dressur von den Bereitern der Spanischen Hofreitschule und von Zirkusreiterinnen unterrichten. Ihr Ziel war, die technisch brillanteste Reiterin zu werden, die sich mit den besten Jagdreitern Europas messen konnte.

---

[89] Wallersee-Larisch, Marie Louise von: Die Heldin von Gaëta. Tragödie einer Königin, Leipzig 1936, S. 184 (Künftig: Wallersee – Heldin von Gaëta)

[90] Wallersee – Elisabeth und ich, S. 170

Bald reichte ihr die kurze, nur im September stattfindende Jagdsaison in Gödöllő nicht mehr. Immer mehr träumte sie von England, der Heimat der Fuchsjagd, mit ganz anderen Möglichkeiten für Reiter. Ihr ganzes Sinnen und Trachten bezog sich das Jahr über auf das Reiten. Vor allem gegen Ende des Jahres befasste sie sich intensiv mit den Vorbereitungen ihrer für das Frühjahr angesetzten Jagdreisen, so dass Weihnachten gleichsam totgeritten wurde.

Elisabeth auf einer ihrer wilden Parforcejagden in England, zeitgenössische Abbildung

Auf ihrer ersten Englandreise im August 1874 kam sie auf die Insel Wight im Süden von England und nahm an Fuchsjagden teil. Im Sommer 1875 reiste sie in die französische Normandie und logierte in dem eigens für sie angemieteten Schloss Sassetôt bei Le Havre. Bei einem waghalsigen Ritt am 11. September wurde sie mit großer Wucht aus dem Sattel geschleudert und blieb bewusstlos liegen. Sie war besorgt, „ein Trottli"[91] zu werden. Doch zum Glück war es nur eine Gehirnerschütterung. Wegen dieses „harmlosen Rumplers"[92], wie sie das nannte, gab sie das Reiten natürlich nicht auf. Jetzt erst recht wollte sie sich Jagdreisen widmen, war sie doch der Ansicht, ein Schädel- oder Genickbruch sei für einen Reiter ein würdiges Ende. Kaiser Ferdinands Geldsegen kam im Hinblick auf ihre kostspieligen Jagdreisen 1875 gerade zur rechten Zeit.

1876 nahm sie auf ihrer zweiten Englandreise an wilden Parforceritten teil, trainiert von Bay Middleton, einem der besten Jagdreiter. Zum Jahresbeginn 1878 verlebte sie beim dritten Reitaufenthalt in England glückliche Tage mit den örtlichen Reiterkoryphäen in Cottesbrooke in Northamptonshire. Durch ihre waghalsigen Ritte erlangte sie als „Kaiserin hinter der Meute" europaweite Berühmtheit. 1879 und 1880 nahm sie, wie erwähnt, zweimal an den noch anspruchsvolleren Hirschjagden in Irland teil, während sie sich 1881 und 1882 aus politischen Gründen wieder mit Jagden in England begnügen musste.

Ihre Jagdreisen verschlangen gigantische Summen wie kein Weihnachtsgeschenk vor- und nachher. Die Kaiserin wurde von einem 60-köpfigen Gefolge begleitet, angefangen vom Obersthofmeister über den Hofarzt und Hofsekretär bis hin zu Hofdamen, Kammerzofen, Friseusen und Stallpersonal. Teure Umbauten in den gemieteten Landsitzen, wo Turnzimmer, Extrastallungen und Rangiergleise für die Transporte ihrer Lieblingspferde eingerichtet werden mussten,

---

[91] Corti, S. 281

[92] Corti, S. 282

„Weihnachtsabend in der Hofburg in Wien"
Holzstich nach Franz Kollarz (1825–1894), aus: Über Land u. Meer, 45. Bd., Nr. 13, 1880, S. 253 (links: Erzherzogin Valerie, Kaiser Franz Joseph, Kronprinz Rudolf, rechts: Prinz Leopold v. Bayern, Erzherzogin Gisela, Kaiserin Elisabeth)

verschlangen ebenso horrende Summen wie die Ankäufe der besten Rennpferde. Die Kosten einer Jagdreise beliefen sich im Durchschnitt zwischen 150.000 bis 200.000 Gulden, sodass für die sieben Jagdaufenthalte in England und Irland eine Summe von etwa 1,3 Million Gulden zusammenkam. Franz Joseph bezahlte alles geduldig für seinen „geliebten Engel".

Nach ihrem fünften und letzten Reitaufenthalt 1882 in England beendeten rheumatische und andere gesundheitliche Beschwerden die Jagdlust der 44-jährigen Kaiserin abrupt. Sie löste ihre kostbaren Ställe in England, Irland und schließlich auch Gödöllő auf und stillte ihre Bewegungssucht fortan durch tägliches Turnen, Fechten, vor allem aber durch oft achtstündige Gewaltmärsche.

Weihnachten kalt und drückend

1881 bis 1886

Heiligabend in Flammen

Wenige Tage vor Weihnachten 1881 brach am 8. Dezember am Wiener Ringtheater der bis dahin größte und entsetzlichste Theaterbrand aller Zeiten aus. Im Theater mit mehr als 1700 Sitzplätzen war die Hölle los, da die Fluchtwege völlig unzureichend waren.

Vor Vorstellungsbeginn war beim Anzünden der Gasbrenner auf der hinteren Bühne ein Vorhang in Brand geraten, worauf die gesamte Dekoration augenblicklich Feuer fing. Während das Bühnenpersonal, die Sänger und Musiker sofort die Flucht ergriffen, war das Publikum im Zuschauerraum ahnungslos. Erst als der Vorhang in Flammen aufging und Hitze und Rauch in den vollbesetzten Zuschauer-

Theaterbrand am 8. Dezember am Wiener Ringtheater, zeitgenössische Abbildung

raum drangen, brach das Chaos los und jeder versuchte zu flüchten. „Hunderte von Leuten stürmten im brennenden Theater gegen die nur nach innen aufgehenden Türen, verschlossen sie so hermetisch und gingen, zerquetscht und verbrannt, zugrunde. Das Theater war wie ein Hochofen und das unglückliche Publikum, das sich auf die reizenden Melodien von ‚Hoffmanns Erzählungen' freute, fand zum Großteil einen entsetzlichen Tod."[93]

In der Flammenhölle verbrannten mehr als 400 Zuschauer. Da die Vorstellung jedoch fast ausverkauft war, belief sich die Zahl der Toten vermutlich auf über 1000. Viele Leichen waren bis zur Unkenntlichkeit entstellt. Den Kaiser erreichte die Unglücksnachricht mittels eines Telegramms beim Souper. Sofort stürzte er zu Elisabeth und

[93] Corti, S. 326

überbrachte ihr die Schreckensnachricht. Beide waren „ganz niedergeschmettert, alle Jagden werden abgeblasen und alles getan, um das Schicksal der Hinterbliebenen zu mildern.“[94]

Am 24. Dezember ordnet der Kaiser an, er wolle auf dem Gelände des Ringtheaters aus eigenen Mitteln das sogenannte „Sühnhaus“ errichten, eine Mischung aus profanem Miethaus und sakralem Gedächtnisort. Das Weihnachtsfest 1881 war für alle verbrannt. Es wurde zu einem Tag der Trauer und zu einem Gedenktag für die Toten und deren Angehörige.

Der Schatten der Kronprinzessin

1881 heiratete Kronprinz Rudolf die 17-jährige Prinzessin Stephanie, die Tochter König Leopolds II. von Belgien. Stephanie war sehr groß gewachsen, nicht sonderlich hübsch und hatte ein wenig ansprechendes Wesen. Elisabeth lehnte sie von Beginn an vehement ab, ja hasste sie sogar und bezeichnete ihre Schwiegertochter als „häßliches Trampeltier“[95]. Stephanie spürte die Abneigung der Kaiserin, die später sagte, „sie schäme sich vor den Leuten. Wenn man diese Frau [damit meinte sie Stephanie] recht kennenlernt, so muss man Rudolf entschuldigen, dass er für die Herzensleere des Heims auswärtige Zerstreuung und Betäubung suchte. Gewiss – er wäre nicht so geworden, hätte er ein anderes Weib gehabt, das ihn verstanden.“[96]

Ab 1881 war das Weihnachtsfest in Anwesenheit Stephanies ungemütlich, wie dies auch Elisabeths Tochter Valerie empfand, die sie als „kalte, höhnische, weltliche Frau“ bezeichnete. Auch Franz Joseph distanzierte sich von ihr und so verschlechterte Stephanie das ohnehin fragile familiäre Klima im Kaiserhaus noch mehr, vor allem bei familiären Feiern wie dem Weihnachtsfest.

---

[94] Corti, S. 326

[95] Hamann, S. 515

[96] Hamann, S. 546

Ohne wahre Weihnachtsfreude

Die Tagbucheinträge Valeries ab 1882 über die Weihnachtstage in der kaiserlichen Familie sprechen Bände.

Eintrag 23. Dezember 1882: „Stephanie wieder lächerlich und garstig, ein Thrum, so groß, dick, gelb und blond und in einem grausligen weissen Atlaskleid."[97]

Eintrag 23. Dezember 1884: „Stephanie ist angreifender denn je. Ob ich ihr auch so zuwider bin, wie sie mir?"[98]

Eintrag 20. Dezember 1885: „Mama hat Ischias am rechten Bein", kann sich kaum bewegen, ist verzweifelt und hoffnungslos und möchte sich umbringen. „‚Dann kommst du in die Hölle', sagte Papa. Und Mama antwortete: ‚Die Höll' hat man ja schon auf Erden.' Und dann sagte Papa, ich solle die P.?? [Pistole?] wegnehmen."[99]

Eintrag 23. Dezember 1885: „Stephanie ... der schmuckbehangene wandelnde Turm passt nicht in unser liebes stilles Gödöllő – Steifes Diner en famille."[100]

Eintrag 24. Dezember 1886: „Christbaum, zu welchem Rudolf und Stephanie auch die Kleine [die Tochter Elisabeth, „Erzsi" genannt] mitbrachten [...] Oft denke ich mir, wie anderswo das heilige Christfest die Familien vereint in Liebe und Einverständnis – wie selig muss solch ein Kreis doch sein! Mir kommt die Zeit, da es auch bei uns noch so war, wie ein Traum vor – jetzt steht Stephanie zwischen uns und jeder wahren Weihnachtsfreude – auch Rudolf ist anders, so kalt und höhnisch geworden ... Um ½ 6 Uhr Diner zu fünft und nachher gingen wir bald auseinander. –

25. Dezember 1886: „Um 6 Uhr das bangend erwartete Familiendiner."[101]

---

[97] Valerie-Tagebuch, S. 34

[98] Valerie-Tagebuch, S. 59

[99] Valerie-Tagebuch, S. 69

[100] Valerie-Tagebuch, S. 69

[101] Valerie-Tagebuch, S. 104 f.

Eintrag 21. Dezember 1887: „Unser sonst so gemütliches Diner wurde heute durch die Teilnahme von Rudolf und Stephanie steif und drückend.“[102]

24. Dezember 1887: „Mamas 50. Geburtstag, eher traurig [...] Steif und kühl geht man von Tisch zu Tisch, speist dann in peinlicher Ungemütlichkeit und ist froh, wenn man sich um ½ 7 Uhr von Rudolf [Elisabeths Sohn] und Stephanie [seiner Ehefrau] trennen und den heiligen Christabend wie jeden anderen beschließen kann.“[103]

Der Kuss der Kalliope

Von Kalliope, so der griechische Name der Muse der Dichtkunst, wurde Kaiserin Elisabeth in der Weihnachtszeit 1884 geküsst. Vorausgegangen war am 11. November ihre Begegnung mit der Dichterin „Carmen Sylva“, von der sie in Budapest besucht und förmlich verzaubert wurde. „Carmen Sylva“ war der Künstlername der rumänischen Königin Elisabeth, der Gemahlin des rumänischen Königs Carol I. Sie war mit ihren Gedichten, Erzählungen und Märchensammlungen schon einer größeren Öffentlichkeit bekannt und ermutigte auch andere Frauen zum Schreiben. Auch für Elisabeth war sie ein bewundertes Vorbild. Doch ebenso war „Carmen Sylva“ von der österreichischen Kaiserin fasziniert. „Es war eine so ungeheure Kraft in ihr“, schrieb sie über Elisabeth. „Es war, als müßte sie austoben, was zu viel da war, mit Reiten und Gehen und Reisen und Schreiben, alles so viel als irgend möglich, nur um dem Druck der Verhältnisse zu entrinnen. Sie wollte nicht Pegasus im Joch sein, sie wollte zeigen, daß sie Flügel hatte, und das haben ihr viele verargt.“[104]

Sisi und „Carmen Sylva“ waren sich herzlich zugetan und zwischen beiden entwickelte sich eine enge Freundschaft. In ihren An-

---

[102] Valerie-Tagebuch, S. 135

[103] Valerie-Tagebuch, S. 136

[104] Carmen Sylva: Die Kaiserin Elisabeth in Sinaia. In: Baumann, Daniel: Der Sissi-Almanach, Frankfurt a. Main 1998, S. 123

schauungen waren sie sich sehr ähnlich, so in ihrer kritischen Distanz zu Amt und Würde und zur Monarchie. Höfische Zeremonien lehnten beide ab, fühlten sich als Außenseiter und zeigten für Spiritismus Interesse. Sie unterhielten sich viel über Heinrich Heine. Ebenso fühlten sie sich durch den Verlust ihrer Kinder verbunden. Sisi hatte ihre zweijährige Tochter Sophie bereits 1854 verloren und „Carmen Sylvas" Tochter Maria war 1874 mit nur drei Jahren gestorben.

Die königliche Dichterin regte die Kaiserin an, sich doch vermehrt der Dichtkunst zu widmen. Und Elisabeth war bereit dazu. Sie erinnerte sich, dass sie ja schon als 15-Jährige bei ihrem ersten Liebeskummer Trost in Gedichten gesucht hatte und als 16-jährige blutjunge Kaiserin in der Kerkerburg Wien ihr Heimweh nach Bayern ebenfalls in Versen ausdrückte.

Angeregt durch „Carmen Sylva" begann sie nach Weihnachten 1884 in nur vier Jahren über 300 Gedichte zu verfassen, in denen sie ihre intimsten Gedanken offenbarte. Sie war sich sicher, dass ihr beim Schreiben der von ihr vergötterte Dichter Heinrich Heine nicht nur persönlich die Hand führte, sondern ihr die Verse sogar aufs Blatt diktierte, dass zwischen ihm und ihr regelmäßig ein geheimnisvoller „Seelenverkehr" stattfand. „Von Januar 1885 bis Ende 1888 schrieb sie sich hier alle ihre Kümmernisse von der Seele, und zwar mit einer Intensität, wie wir sie aus keiner vergleichbaren Quelle dieser Zeit kennen."[105]

Drei Jahre später wurde Elisabeth vom rumänischen Königspaar Carol I. und seiner Gemahlin Elisabeth alias „Carmen Sylva" zu einem Besuch auf deren Sommerschloss Peleș eingeladen. Im Mai 1887 folgte Elisabeth der Einladung in dieses Prachtschloss, das in den tiefen Wäldern der Karpaten liegt, etwa 1,5 Kilometer nordwestlich der rumänischen Stadt Sinaia und drei Eisenbahnstunden von Bukarest entfernt. Über diesen Besuch verfasste sie ein euphorisches Gedicht, mit 99 Strophen eines der längsten, mit dem Titel: „Titanias

[105] Poetisches Tagebuch, S. 12

[Elisabeths] Besuch bei Carmen Sylva und Rückkehr in ihr Feenschloss, genannt Villa Hermes."[106]

Bei diesem Besuch freute sich die Kaiserin vor allem auf das Gespräch mit der Dichterin „Carmen Sylva", wie sie betonte:

„Nicht den Hof wollt' ich besuchen,
Auch zur Königin nicht gehen;
Nur die Dichterin zu sehen
Kam ich, Carmen Sylva suchen.

So Titania [Elisabeth]; und es sanken
In die Arme sich die beiden
Und gestanden sich beim Scheiden,
Wie verwandt sie in Gedanken."[107]

Zu einem ausführlichen Gespräch über die Dichtkunst zogen sie sich in eine einfache Holzhütte im Wald zurück. Doch Elisabeths Lyrikproduktion hielt nach diesem Besuch nur noch ein Jahr an, bevor sie dann abrupt verstummte. Der Grund dafür war der Selbstmord ihres Sohnes Rudolf am 30. Januar 1889. Elisabeth verschloss ihr poetisches Tagebuch 1890 in einer Kassette und ordnete an, erst 60 Jahre später dürfe es veröffentlicht werden. Die Kaiserin versäumte es nicht, auf der Terrasse ihres griechischen Palastes Achilleion auf Korfu Statuen der neun Musen aufstellen zu lassen, darunter auch die Statue der Kalliope, der Muse der Dichtkunst, von der sie zur Weihnachtszeit 1884 geküsst worden war.

Theater mit einem „Schnackerl"

Elisabeth förderte auch die literarische Begabung ihres Lieblingskindes Marie Valerie. Schon früh verfasste die Erzherzogin Gratulati-

[106] Poetisches Tagebuch, S. 196 ff.

[107] Poetisches Tagebuch, S. 204

onsgedichte und stellte später auch eine kleine, heute leider verschollene Gedichtsammlung zusammen, „die sie für ihre beste Mutter in dankbarer Liebe gewidmet drucken ließ“[108]. Auch mit kleinen selbst verfassten Theaterstücken überraschte Valerie ihre Mutter, so 1884, einen Monat vor Weihnachten, am 19. November zu deren Namenstag, mit dem Lustspiel „Namenstag“, das sie unter Anleitung des Lehrers Heinrich Reinhard selbst geschrieben hatte. Es war ein Einakter für zwei Personen „Adelheid und Gertrud“, die von der 16jährigen Valerie und ihrer 19 Jahre alten Lieblingscousine Amelie gespielt wurden, die Kaiserin Elisabeth ins Herz geschlossen hatte. Amelie war nämlich wie sie selbst „ein Christkind“, da sie in der Nacht auf den 24. Dezember 1865 im Herzog-Max-Palais in München das Licht der Welt erblickt hatte. Ihre Eltern waren Kaiserin Elisabeths Lieblingsbruder Karl Theodor und Sophie, eine geborene Prinzessin von Sachsen.

Valerie berichtet in ihrem Tagebuch, sie und Amelie seien bei der Aufführung des Einakters „Namenstag“ so aufgeregt gewesen, dass Amelie einen Schluckauf – ein „Schnackerl“ – bekam und mit Übelkeit kämpfte. Doch alles ging gut. „Nein, wie sie spielt“, lobte Franz Joseph Amelie, worauf Elisabeth meinte: „Aber die Amelie hat doch Schnackerl.“ Am Ende des Stücks rief Valerie: „Schwester fertig ist's Gedicht“, worauf Franz Joseph seufzte: „Na endlich ist's fertig.“ „Mama weinte“, so notierte Valerie, und: „Das war ein schöner Erfolg, den ich aber zum grossen Teil meiner Amelie verdanke.“

Valeries Traum aber war es, nicht nur Einakter zu verfassen, sondern „einmal etwas Grosses zu schaffen“[109].

Vorweihnachtlicher Besuch im Irrenhaus

Der Tod König Ludwigs II. am 13. Juni 1886 erschütterte Elisabeth zutiefst. Da sie seine Tante zweiten Grades und dadurch mit ihm ver-

[108] Schad – Elisabeth und ihre Töchter, S.79
[109] Valerie-Tagebuch, S. 57

wandt war, beunruhigte sie besonders, dass er für geisteskrank erklärt wurde. Ebenso wusste sie, dass Prinz Otto, Ludwigs Bruder, geistig erkrankt in Schloss Fürstenried ärztlich betreut wurde. Auf ihren Reisen im In- und Ausland überraschte Elisabeth regelmäßig sogenannte „Irrenanstalten" mit ihrem Besuch und erkundigte sich eingehend nach den Schicksalen und der Pflege der Insassen.

Ein halbes Jahr nach Ludwigs II. Tod besuchte sie kurz vor Weihnachten am 11. Dezember 1886 spontan die Wiener Landesirrenanstalt Bründlfeld. Die Ärzte wollten sie nur durch die ruhigen Abteilungen führen, sie aber bestand darauf, zu den gefährlichen Irren geführt zu werden. Dort stürzte plötzlich eine Patientin auf sie zu, riss ihr den Hut vom Kopf und schrie: „Was [...] die da will die Kaiserin von Österreich sein? Das ist doch eine unerhörte Frechheit. Ich bin doch die Kaiserin."[110] Sofort zogen die Ärzte die Angreiferin zurück und die erschrockene Kaiserin verließ den Raum, wollte aber kurz darauf trotz ärztlicher Warnung zu der Kranken zurück, die bei ihrem Eintritt erneut auf sie zustürzte, sich dieses Mal aber vor Elisabeth auf die Knie warf und sie flehentlich um Verzeihung bat, was die Kaiserin zu Tränen rührte. Sie hob die Kranke auf und tröstete sie.

Ob Elisabeth an dem ohnehin freudlosen Heiligen Abend 1886 an den eigenartigen Besuch in Bründlfeld dachte, ist nicht bekannt. Doch ihre Angst, selbst geistig zu erkranken, verließ sie nicht mehr: „Mir wird wirklich oft bang für Mama", notierte ihre Tochter Valerie, „wenn sie vor lauter Aufregung zu lachen anfängt, vom Narrenhaus spricht."[111] Auch Franz Joseph äußerte sich mehrfach besorgt über die überreizten Nerven seiner Frau, ihren Hang zur Einsamkeit, über ihre Angst vor Menschen und ihre Depressionen. Selbst ihr Lieblingsbruder Karl Theodor meinte, dass seine Schwester zwar „gescheit sei, aber einen entschiedenen Sporn habe"[112], sich also auffallend ver-

[110] Corti, S. 377

[111] Hamann, S. 553

[112] Amelie-Tagebuch vom 27. Juni 1887; Hamann, S. 436

rückt benehme. Er warnte Sisi sogar, „sich zu intensiv in die überspannten Ideen zu bohren". Sie könne dadurch „ihre Nerven so überreizen, dass sie am Ende noch ‚umschnappe'."[113] Die Kaiserin, die von den Vorwürfen gegen sie natürlich erfuhr, antwortete darauf mit ihrem Rückzug, wie sie in einem Gedicht schrieb:

„Nicht soll Titania [Elisabeth] unter Menschen gehen.
In dieser Welt, wo niemand sie versteht,
Wo hunderttausend Gaffer sie umstehen,
Neugierig flüsternd: ‚Seht die Närrin, seht!'"[114]

Valeries Überraschung für ihre Mama

Vielleicht wollte Valerie an Heiligabend 1886 ohne „jede wahre Weihnachtsfreude"[115] die düsteren Gedanken ihrer Mutter mit einem Theaterstück vertreiben. Über die Aufführung am zweiten oder dritten Weihnachtstag berichtet L.K. Nolston: „Im Jahre 1886 wurde die Kaiserin an ihrem Geburtstage von der Erzherzogin Marie Valerie durch ein Familientheater in der Hofburg überrascht. In einem geräumigen Saale war eine Bühne improvisiert worden. Auf derselben wurde ein Stück aufgeführt, das die Erzherzogin Marie Valerie zur Verfasserin hatte. Die Dichterin debütirte in der Hauptrolle selbst. Neben ihr waren noch die Erzherzogin Sophie Margarete und Prinz und Prinzessin Auersperg in dem Stücke beschäftigt.

Nach der Vorstellung erschien Erzherzogin Marie Valerie im Costüm der Austria mit Krone und Scepter auf der Bühne und sprach einen schwungvollen Epilog, indem sie ihrer kaiserliche Mutter in rührenden Worten Dank und Verehrung ausdrückte. Allen Anwesenden fiel damals die große Ähnlichkeit auf, welche die Erzherzogin in ihrem Costüm mit der Kaiserin aufwies.

[113] Valerie-Tagebuch, S. 126
[114] Poetisches Tagebuch, S. 359
[115] Valerie-Tagebuch, S. 104 f.

Nach den letzten Worten des Epilogs sprang die jugendliche Erzherzogin im Costüm mit Freudenthränen in den Augen die wenigen Stufen, die von der Bühne ins Auditorium führten herab und eilte mit ausgebreiteten Armen auf ihre kaiserliche Mutter zu, die ihrerseits sich erhoben und hastigen Schrittes ihrer Tochter entgegengegangen war. Mutter und Tochter umarmten und küssten sich wiederholt und hielten sich lange Zeit umschlungen. Die Anwesenden konnten sich dem ergreifenden Eindrucke dieser rührenden Scene nicht entziehen.

Die Kaiserin war überaus glücklich über die dichterische Begabung der Prinzessin und freute sich auch über die schauspielerische Leistung ihrer Tochter. Der Hofburgschauspieler Adolf Sonnenthal hatte das Stück eingerichtet, die Vorstellung geleitet und mit der Erzherzogin Marie Valerie die Rolle einstudirt. Der Vorstellung wohnten außer der kaiserlichen Familie der Hofstaat, Bischof Ronay und Sonnenthal an. Nach dem Schlusse derselben fragte die Kaiserin einzelne Damen und Herren, wie sie denn mit der ‚kleinen Künstlerin Valerie' zufrieden waren. Hierauf schritt die Kaiserin auf Sonnenthal zu, drückte ihm die Hand und sagte: ‚Ich danke Ihnen schon für so viele genußvolle Stunden. Für den heutigen Abend bin Ich Ihnen aber ganz besonders dankbar.' Sonnenthal wurde dann auch zum Thee dem kaiserlichen Familienkreise zugezogen."[116]

Nach Silvester 1886 fand ein für Elisabeth verhasster Pflichttermin statt, der obligatorische Neujahrs-Hofball. In dem 55-strophigen Gedicht „Hofball" von Januar 1887 spottet sie nicht nur über all die hohen Gäste, sondern empört sich in Erinnerung an den Tod Ludwigs II. vor einem halben Jahr auch über Prinzregent Luitpold, den ihrer Ansicht nach Hauptverantwortlichen für den Königsmord, mokiert sich aber ebenso über den beim Hofball anwesenden bayerischen Gesandten in Wien, Otto Graf von Bray-Steinburg. Längst heuchelte keiner mehr Trauer über Ludwigs II. Tod.

[116] Nolston, S. 64 f.

„München schwelget jetzt in Festen,
Wie ich aus der Zeitung seh',
Vor dem Prinzregent, dem Besten,
Schweifeln Sie ja auch, Graf Bray!

Fackelzüge, Hofkoncerte,
Und was noch dergleichen mehr;
Und doch kürzlich in die Erde
Ward versenkt erst Bayerns Herr."[117]

Elisabeth war nach der Bestattung Ludwigs II. – wenn auch „schweren Herzens"[118] – entschlossen, wegen der „Königskatastrophe" ihre Heimat Bayern künftig zu meiden, auch wenn sie diesen Beschluss dann doch nicht aufrechterhalten konnte.

Träume einer Republikanerin

Beim Jahreswechsel 1886/87 wurde Elisabeth von zwei Träumen heimgesucht, die sie in Gedichten schilderte. In dem Gedicht „Neujahrsnacht 1887" sah sie die Monarchie Österreich-Ungarn in Gestalt „eines alten, maroden Eichbaums", bedroht von Russland, Preußen und Frankreich. Am Fuß des Eichbaums kauert ihr Mann Franz Joseph in Gestalt eines arg gebeutelten „Pechvogels". In der letzten Strophe ahnt die Kaiserin den Zerfall der Monarchie voraus: „Der Baum muß endlich fallen./Er hat sich überlebt./Doch für den armen Vogel/da hat mein Herz gebebt."[119]

In dem kurz darauf im Januar 1887 folgenden zweiten Gedicht „Mein Traum" erlebt sie sich als Kaiser von Österreich und bestellt „aus den Republiken der großen weiten Welt" Männer zu sich, die

[117] Poetisches Tagebuch, S. 156
[118] Poetisches Tagebuch, S. 109
[119] Poetisches Tagebuch, S. 138 f.

„von Früh bis in die Nacht conferieren“ und ihr dann „referieren müssen, was Völker glücklich macht.“ Das Fazit:

„Und sollten sie entscheiden,
Die Republik muß sein,
So willige mit Freuden
In ihren Wunsch ich ein.“[120]

Nach Weihnachten 1886/Anfang 1887 erlebte Elisabeth also den Untergang der Monarchie und die Geburt der Republik, allerdings nur nachts in Träumen, denn nach dem Erwachen musste sie sich „Mea culpa, mea culpa, m.m.c. [mea maxima culpa]“[121] murmelnd an die Brust klopfen, wusste sie doch ganz genau, dass sie selbst ein Mitglied dieser von ihr so heftig kritisierten Monarchie war. Ihre Begeisterung für die Republik als Staatsform der Zukunft hatte sie aber schon vorher immer wieder gezeigt, unter anderem durch ihre Affinität zu freiheitsliebenden Ländern wie der Schweiz, Ungarn und Irland und durch ihre Verehrung für den Republikaner Heinrich Heine.

[120] Poetisches Tagebuch, S. 145
[121] Poetisches Tagebuch, S. 341

Weihnachten allein

1887 bis 1891

Elisabeths Liebeserklärung an Valerie

1887 erhielt Erzherzogin Valerie von ihrer Mutter Elisabeth schon zwei Wochen vor Weihnachten am 9. Dezember das schönste Weihnachtsgeschenk in Form der wohl innigsten Liebenserklärung, die eine Mutter je ihrem Kind gemacht hat:

„Ich liebe doch eigentlich nur Dich, wenn Du mich verläßt, so ist mein Lieben aus. Aber so liebt man nur einmal im Leben. Da denkt man nur an das geliebte Wesen, da ist alles auf der einen Seite – von der anderen verlangt man und erwartet man nichts. Aber drum kann ich auch nicht begreifen, wie man viele Menschen lieben kann. Bei meinen anderen Kindern hat Sophie [Elisabeths Schwiegermutter] Mutterstelle vertreten, bei Dir, habe ich mir vom ersten Augenblick an gesagt, muß es anders werden. Du mußtest mein eigenes, eigenstes Kind bleiben, mein Kleinod, auf das niemand ein Recht haben darf als ich allein, und alle Liebesfähigkeit meines bis dahin verschlossenen Herzens habe ich dann auf Dich ausgeströmt."[122]

Valerie war von diesen Worten zutiefst ergriffen, da darin die „ungeheure, ja niederschmetternde Liebe" ihrer Mutter zu ihr zum Ausdruck kam. Doch der Grund für diesen Gefühlsausbruch war Elisabeths Angst, dass Erzherzog Franz Salvators Verbindung mit ihrem Herzenskind die innige Mutter-Tochter-Beziehung bald zerstören würde. Sie wusste, dass eine Heirat beider nicht mehr zu verhindern war.

In dieser Stimmung entstanden auch die im Folgenden zitierten drei melancholischen „Winterlieder", die darauf Bezug nehmen. Sie sind in ihrem poetischen Tagebuch zu finden und entstanden alle 1887, also zwölf Jahre vor ihrem Tod.

Sisis Winterlieder

Kaiserin Elisabeth empfand sich als „Kind der Sonne", wie sie einmal schrieb. Sie liebte vor allem Frühling und Sommer und hielt sich besonders gerne in warmen Gegenden auf, so vor allem in Griechenland. Zu einem ihrer Lieblingsorte wurde die Insel Korfu, auf der sie sich auch einen Palast, das Achilleion, errichten ließ. Obwohl sie im Winter zur Welt kam, litt sie in dieser Jahreszeit mehrfach unter Depressionen, die bereits im Herbst einsetzten. Sie hielten bis zum Frühjahr an, das sie stets herbeisehnte. Bereits Ende Sommer setzte ihre wehmütige Stimmung ein.

„Der Sommer starb …

Der Sommer starb dahin, die Bäume streuen
Auf seine Leiche trauernd Blatt auf Blatt;
Die letzten bleichen Sonnenstrahlen weihen
Ihm schwindend einen Kuss noch, kalt und matt;

[122] Corti, S. 395

Es krächzt der Rabe Totenlitaneien
Vom Ast herab im schwarzen „Trauerstaat";
Die Blumen aber sinken hin und bleichen,
Wie umgeweht durch unheilschwangre Seuchen.

O toter Sommer! könnte ich mich legen
Zu dir, mit gelbem Laube überdeckt,
Und schlafen, bis mit seinem Blütensegen
Ein junger Lenz mich wieder liebend weckt,
Statt dessen muss dem Winter ich entgegen,
Und trag' im Herzen doch den Lenz versteckt.
So trage ich ihn durch des Winters Wehen,
Und endlich wird er dennoch auferstehen!"[123]

***

„Der Winter naht ...
Der Winter naht; in weisse Lacken
Schlägt sorglich er die Berge ein,
Er drückt in ihre steilen Zacken
Schneekäppchen tief und fest hinein.

Die letzten Blätter von den Bäumen
Streift er mit eisig kaltem Hauch;
Die Äste thut er drauf umsäumen
Mit weissem Froste, wie's sein Brauch.

Wenn mein Gefühl mich nicht betrogen,
Hat er auch mir voll Todeslust
Das Herz mit Eis heut' überzogen,
Es liegt so kalt mir in der Brust."[124]

---

[123] Poetisches Tagebuch, S. 315
[124] Poetisches Tagebuch, S, 306

„Wird's denn ewig Winter bleiben …
Wird's denn ewig Winter bleiben,
Naht der Lenz sich nimmermehr?
Muss er rastlos Flocken treiben,
Dieser Himmel, grau und schwer?

Kann den Korb kaum mehr erheben,
Von des Schnees schwerer Last,
Sie bedeckt schon Blumen, Reben,
Ja, mein schönes Haupt auch fast.

Und ein Eiszapf hat vermessen
Meine Griechennas' behängt;
Hat aufs Schneuzen wohl vergessen,
Mancher Dummkopf nun sich denkt.

Doch das schwerste zu ertragen,
Ist der endlose Ennui [Langeweile];
Seh' nur Schneeschaufler sich plagen,
Wahre Sisyphos-Manie.

Ja, da lob' ich Sommers Wärme.
Preis' den Wonnemonat Mai;
Aus der Stadt zieh'n endlos Schwärme
Heitern Volks mir dann vorbei."[125]

Valeries Gedicht an ihre Mutter

Am 24. Dezember 1887 feierte Elisabeth ihren 50. Geburtstag in depressiver Stimmung. Sie klagte über ihr fortschreitendes Alter und hatte ein schlechtes Gewissen, weil sie ständig von zu Hause und ih-

[125] Poetisches Tagebuch, S. 168. Aus: Zwiegespräch auf dem Schönbrunner Parterre. S. 168

rem Mann weg war. Sie zwang sich, alle weihnachtlichen Verpflichtungen recht und schlecht mitzumachen, obwohl ihr die Füße schmerzten. Aufgeheitert wurde sie durch ein Gedicht Valeries, in dem diese Geburt und Leben ihrer Mutter schildert. Oben zeichnete sie einen Engel mit einem Kind im Arm und am Ende des Textes Schloss Possenhofen, wobei sie aber nicht bedachte, dass ihre Mama nicht in Possenhofen, sondern in München zur Welt kam. Das Gedicht lautet:

„Weihnacht wieder! Hart gefroren/Liegt der stille See,
Und im Sonnenscheine glitzert/Rings der frische Schnee.//
In dem lieblich trauten Schlosse,/Das am Ufer steht,
Heut' ein Hauch von süßer Freude/Durch die Herzen weht.

Denn ein Engel stieg vom Himmel/Leise in der Nacht,
Hat als schönste Weihnachtsgabe/Töchterlein gebracht!//
Und die Jahre fliegen leise,/Aber rasch dahin,
Und die Eltern seh'n mit Freude/Sie zur Jungfrau blüh'n.

Drüben herrscht ein junger Kaiser/In dem Nachbarland.
Als er's Mägdlein kennen lernte,/Freit' er ihre Hand.//
Und nun gehen sie durch's Leben/Liebend Seit' an Seit',
'S Mägdlein bleibet ihrem Manne/Treu in Freud' und Leid.

Und wenn auf des Kaisers Haupte/Manchmal drückt die Kron'
Ist für seine Müh'n und Sorgen/Sie der schönste Lohn.

Valerie, Weihnachten 1883"[126]

---

[126] Barta, Ilsebill/Langer, Markus/Ott-Wodni, Marlene: Das kaiserliche Jagdhaus Mürzsteg – Geschichte, Ausstattung und Politik, Wien 2018, S. 64 f.

Nicht nur ihre Mutter freute sich über dieses Gedicht, sondern auch ihr Vater, der es zeitweise am Fußende seines Bettes in seinem Jagdhaus in Mürzsteg hängen hatte.

Ein Denkmal für den Meister

Anlässlich des 90. Geburtstags Heinrich Heines am 13. Dezember 1887 startete ein Komitee in Heines Geburtsstadt Düsseldorf Aufrufe zur Errichtung eines Heine-Denkmals. Natürlich wandte man sich auch an Kaiserin Elisabeth, da man von ihrer leidenschaftlichen Verehrung für diesen Dichter Kenntnis hatte. Elisabeth war sofort bereit, das Vorhaben zu unterstützen, würde damit zu ihrem 50. Geburtstag am 24. Dezember, der für sie ja eigentlich kein Grund zur Freude war, vielleicht doch wenigstens ein schon lang gehegter Wunsch endlich in Erfüllung gehen.

Die Kaiserin engagierte sich nicht nur finanziell mit 12.950 Reichsmark, sondern auch persönlich und begrüßte begeistert diese Ehrung für ihren Meister. Als ausführenden Künstler schlug sie den Berliner Bildhauer Ernst Herter vor, den sie schon 1881 kennen- und schätzengelernt hatte, da er auch die Hermes-Statue für ihre Lainzer Villa schuf. Herter lieferte sofort zwei Entwürfe für das Heine-Denkmal.

Doch deutschnationale und vor allem antisemitische Gruppen protestierten aufs Heftigste gegen die Errichtung des Denkmals. Auch Franz Joseph lehnte das Engagement seiner Frau ab und Bismarck fand es unmöglich, dass ein „Poet, der das Haus Hohenzollern und das deutsche Volk stets nur verhöhnt, beschimpft und verspottet hat“[127], mit einem Denkmal geehrt werden soll. Elisabeth widerten die immer heftiger werdenden Auseinandersetzungen an, in denen sie auch persönlich angegriffen wurde. Hinter vorgehaltener Hand beschimpfte man sie als „Judenknecht“. 1889 gab sie entnervt ihr

[127] Hamann, S. 477

Engagement für das Denkmalprojekt auf, das kurze Zeit später gänzlich zum Erliegen kam.

Ihren Wunsch erfüllte sie sich aber dennoch ganz persönlich, indem sie 1892 ihrem Meister Heine von dem dänischen Bildhauer Louis Hasselriis im Park ihres Palastes Achilleion auf Korfu ein Denkmal errichten ließ. Es wurde dort in einem kleinen Tempel aufgestellt und bei jedem ihrer Aufenthalte verweilte sie dort stets voller Andacht.

Schock im Advent 1888

Anfang Dezember 1888 macht Franz Joseph eine schockierende Entdeckung. Völlig verstört kam er am 3. Dezember 1888 auf seine Tochter Marie Valerie zu und fragte sie, „ob sie wohl schon über die furchtbare Überraschung geweint habe". Valerie erschrak, welche furchtbare Überraschung? Da rückte ihr Vater heraus, „daß sich Mama einen Anker auf der Schulter einbrennen ließ". Marie Valerie fand dies aber „sehr originell und gar nicht so entsetzlich"[128], was Franz Joseph wunderte, denn in seinen Augen war dieses Tattoo eine schreckliche Selbstverstümmelung, über die man nur weinen könne. Doch Elisabeth amüsierte sich über Franz Josephs Entsetzen. Um 1887/88 hatte sie sich auf einer ihrer Seereisen nach alter Seemannsart wohl im Hinterzimmer einer Hafenkneipe – natürlich ohne ihren Mann erst um Erlaubnis zu fragen – einen Anker auf ihre Schulter tätowieren lassen. Doch Franz Joseph fragte sich, weshalb sie als Kaiserin von Österreich, die doch so stolz auf ihre makellose Schönheit ist, sich eine derartige Verunstaltung zufügen ließ, zu der sich üblicherweise nur Matrosen und zwielichtige Gestalten hinreißen lassen. Doch Elisabeth wollte sich damit ihre ewige Liebe zum Meer in die Haut einbrennen lassen, sichern Anker doch Schiffe im Hafen oder auf hoher See und sind damit Symbole der Sicherheit.

Für Franz Joseph aber war das Tattoo an Weihnachten 1888 wohl die unerfreulichste Überraschung zum Fest, die er aber seiner Freun-

[128] Valerie-Tagebuch, S. 156

din Katharina Schratt, die er mit Erlaubnis und Unterstützung Elisabeths seit 1886 kannte, verschwieg, als er ihr am 24. Dezember 1888 folgende Nachricht zukommen ließ:

„Meine liebe gnädige Frau, in dem ich Ihnen von ganzem Herzen recht glückliche Feiertage wünsche, erlaube ich mir Ihnen folgendes Bracelet [Armband] nebst Bonbonièren zum Christkindl zu Füßen zu legen. Ich hoffe, dass Sie diese Kleinigkeiten mit gewohnter Güte als ein schwaches Zeichen meiner innigen Freundschaft annehmen werden. Die Fotografie Valeries [Tochter des Kaiserpaares], welche Ihnen gefallen haben soll, und die Unglück abwendende, kleine Hand schickt Ihnen die Kaiserin. Hoffentlich werden Sie den heutigen Abend recht heiter und zufrieden zubringen und sind sie durch die Vorbereitungen für den Christbaum nicht zu sehr ermüdet. [...]

Unsere Bescherung haben wir um halb 5 Uhr im engsten Familienkreise nur mit unseren Kindern und unser kleinen Enkelin [Erzsi] und dann speisen wir zusammen. Übermorgen Früh reist die Kaiserin mit Valerie auf 8 – 10 Tage nach München und ich bin wieder Strohwitwer. Wenn Sie die Gnade haben sollten, mir auf diese Zeilen zu antworten, so bitte ich schön mir zu sagen, wie es Ihnen geht, denn eigentlich ängstige ich mich wegen Ihrer Gesundheit noch immer. Wenn Ihnen die Promenade wirklich und ganz gewiss nicht schaden kann, hoffe ich Sie, wie besprochen, Donnerstag mit Ihrem jungen Herrn [Schratts 8-jähriger Sohn Toni aus ihrer Ehe mit Nikolaus Kiss] begrüßen zu dürfen, worauf ich mich natürlich freue. Bis dahin leben Sie wohl, meine liebe gnädige Frau.

Ich grüße Toni herzlichst und bleibe Ihr, in treuer Freundschaft ergebener, Franz Joseph."[129]

Während der Kaiser zu Weihnachten 1888 seiner Mätresse ein wertvolles Armband zukommen ließ, erhielt sie von der abergläubisch veranlagten Kaiserin ein Amulett in Form einer Unglück abwehrenden Hand, dazu eine Fotographie ihrer Tochter Marie Valerie.

---

[129] , S. 48

Elisabeths letztes Gedicht

Eineinhalb Monate vor Weihnachten 1888 hielt sich die Kaiserin auf der Insel Korfu auf, besuchte die halb verfallene Villa Braila, die sie so sehr liebte und wo sich später ihr Palast Achilleion erhob. Bei Spaziergängen in den Gärten blickte sie wehmütig aufs Meer und hinüber zu den albanischen Bergen. Hier verfasste sie auch das letzte von ihr bekannte Gedicht mit dem Titel „Südliches Märchen"[130]. Von einer Fürstin ist darin die Rede, Elisabeth meint sich damit zweifellos selbst, wenn sie schreibt:

„So steht sie nun verlassen und allein
In diesem weltentrückten kleinen Eden,
Die Seele jubelt endlich frei zu sein
Und sprengt entzückt die Ketten und die Fäden [...]"

Beim Flanieren im Park, so heißt es weiter, tauchen plötzlich Räuber auf und schleppen die Fürstin auf ein Schiff, von dem sie verzweifelt ins Meer springen will, was jedoch verhindert wird. Hierauf fügt sie sich in ihr Schicksal. Sie wird nach Albanien gebracht zu einem „Steingehöft, verfallen halb" fast wie die Villa Braila. An dieser Stelle bricht Elisabeths letztes Gedicht, mit 32 Strophen eines der längsten, unvermittelt ab.

Was hinderte Elisabeth daran, es zu vollenden? War der Tod ihres Vaters am 15. November 1888 daran schuld oder Vorbereitungen für das nahende Weihnachtsfest? Nicht nur, dass sie das Gedicht nicht beendete, sie stellte das Dichten überhaupt ein. Ahnte sie womöglich den überraschenden Suizid ihres Sohnes Rudolf am 30. Januar 1889 voraus? Sah der Kronprinz, vom Vater des Thrones für unwürdig befunden, keinen Sinn mehr im Leben? Kannte er wie die Fürstin in Elisabeths letztem Gedicht sein „Loos, das Schmach und Elend bringt" und in dem es weiter heißt:

[130] Poetisches Tagebuch, S. 378 – 383 (auch die folgenden Zitate)

„In ihrer Seele tobt ein schwerer Kampf,
Wird Todesangst, wird Ehrgefühl jetzt siegen?
Und jeder Nerve steift sich wie im Krampf,
Da vor ihr nun die grossen Fragen liegen:
Ist Selbstmord hier nicht starre bitt're Pflicht,
Die Gnade findet vor des Herr'n Gericht?"

Kamen ähnliche Worte nicht auch Rudolf vor seinem selbst bestimmten Ende in den Sinn? Doch beim Weihnachtsfest 1888 flammte noch einmal eine ungewöhnliche Harmonie in Elisabeths Familie auf.

Ein Bändchen Heine-Briefe

Am 24. Dezember 1888 überraschte Kronprinz Rudolf seine Mutter „mit elf Autographen Heinrich Heines", die er „in Paris zu einem horrenden Preis gekauft hatte"[131]. Auch er wusste, dass Elisabeth den Dichter Heinrich Heine abgöttisch verehrte, der für sie auch Vorbild für ihre eigenen dichterischen Versuche war. Außerdem schenkte ihr Rudolf auch noch die Statuette „Allegorie der Dichtkunst" mit der Inschrift „Der lieben Mama von Rudolf, 24. Dezember 1888". Die weibliche Figur der Dichtkunst, in der linken Hand einen Palmwedel, steht auf einem das Firmament darstellenden schwarzen Marmorsockel, verziert mit Sternen und der Bahn der Himmelskörper. Darunter die Inschrift: „Ja, er ward ein großer Dichter,/Stern und Fackel seiner Zeit,/Seines Volkes Licht und Leuchte,/Eine wunderbare, große Feuersäule des Gesanges, die der Schmerzenskaravane Israels vorangezogen in der Wüste des Exils./Heinrich Heine." Der Vater erhielt von Rudolf ein Aquarell des Malers Heinrich Gottfried Wilda, das Franz Joseph und den deutschen Kaiser Wilhelm II. bei einer Ausfahrt zur Jagd in Mürzsteg zeigt.

[131] Hamann, S. 543

An diesem Heiligen Abend kam es zur wohl innigsten Szene zwischen Elisabeth und ihrem Sohn überhaupt. Rudolf fiel der Mutter plötzlich um den Hals und brach, wie sich Gräfin Festetics erinnerte, „in ein langes, nicht zu stillendes Schluchzen aus, durch das sie [Elisabeth] tief erschreckt wurde.“[132] So etwas war sie nicht gewohnt. Die innige Szene spielte sich 38 Tage vor Rudolfs Suizid am 30. Januar 1889 ab. Diesem Vorfall und den beiden Weihnachtsgeschenken Rudolfs an die Mutter kommt eine ganz besondere Bedeutung zu. Mit beidem zeigte ihr der Kronprinz nämlich seine große Zuneigung. Auch wenn er während seines Lebens wenig Kontakt zu ihr hatte, so verehrte er sie insgeheim doch sehr, bewunderte ihre Schönheit und Ausstrahlung und wäre ihr gerne so nahe gewesen, wie das seiner Schwester Marie Valerie vergönnt war, die als Elisabeths Lieblingskind von ihr zärtlich verwöhnt wurde. Darauf war Rudolf zeitlebens so eifersüchtig, dass eine Hassliebe zur Mutter entstand.

Rudolf vergaß ihr aber nie, dass sie ihn als Kind durch ihr Einschreiten von Gondrecourts sadistischer Erziehung gerettet hatte, der aus ihm mit drakonischen Maßnahmen einen tüchtigen Offizier machen wollte. Elisabeth verhinderte, dass der damals erst sechsjährige Rudolf stundenlang exerzieren musste, mitten in der Nacht durch Pistolenschüsse geweckt und mit Kaltwasserkuren gequält wurde. Sie bestand auf der Entfernung Gondrecourts, der den sensiblen Jungen einmal nachts allein im Lainzer Tiergarten aussetzte, nachdem er ihm zuvor Angst gemacht hatte, dass dort bösartige Wildschweine auf ihn warten. Hätte seine Mutter nicht eingegriffen, hätte Rudolf sicher schwere psychische Schäden davongetragen. Doch sie setzte durch, dass der Kleine fortan von einfühlsamen Erziehern und Lehrern unterrichtet wurde.

Mit dem Bändchen „Heine-Briefe“ und der Statuette „Allegorie der Dichtkunst“, die Rudolf seiner Mutter am Heiligabend 1888 schenkte,

[132] Hamann, S. 542. N. Friedjung: Gespräch mit M. Festetics am 23.03.1909

und mit seiner stürmischen Umarmung signalisierte er ihr seine innige, wenn auch lange verborgene Zuneigung. Nur einen Monat später endete sein Leben durch eigene Hand. Sein Tod ließ Elisabeth verzweifeln. Als Zeichen der verspäteten Liebe zu ihrem Sohn trug sie nur mehr schwarze Kleidung.

Die Hofburg wie ausgestorben

Nach dem Suizid ihres Sohnes Rudolf wurden im Oktober 1889 die österreichischen Vertretungen im Ausland informiert, die Kaiserin wünsche von nun an keine Glückwünsche mehr an ihren Namens- und Geburtstagen. Sie verschenkte „alle ihre farbigen Kleider, Schirme, Schuhe, Tücher, Taschen und alles, was Schmuck und Putz war, an ihre Töchter Gisela und Valerie und auch an die Verwandtschaft. Sie behielt nur ihr schlichten Trauerkleider und ließ sich bis ans Lebensende nicht mehr bewegen, wieder ein farbiges Kleid zu tragen.“[133] Sie wurde zur „Mater dolorosa“, zur „Schmerzensmutter“, stets in Schwarz gekleidet, die künftig höfischen Prunk strikt ablehnte. Ihr Gesicht verbarg sie in der Öffentlichkeit hinter Schirmen und Fächern.

Weihnachten 1889 war die Hofburg in Wien ausgestorben. Die Kaiserin und ihr Mann hatten sich auf Schloss Miramar bei Triest zurückgezogen. Der Hl. Abend fand „zum ersten Mal ohne Christbaum“[134] statt. Geschenke und Glückwünsche unterblieben. Elisabeth trug an diesem Abend ausnahmsweise ein einfaches perlgraues Kleid, um ihrer Tochter Valerie und Erzherzog Franz Salvator zur Verlobung zu gratulieren. Dabei brach sie in Tränen aus. Am Neujahrstag „wurden alle sonst üblichen Empfänge abgesagt. Nur das Brautpaar darf zu Elisabeth, die Valerie eine Brosche mit zwei verschlungenen Herzen schenkt. Ihre Stimmung bleibt immer gleich traurig und bedrückt.“[135] Valerie seufzte: „O lieber Gott, wie traurig ist unser

[133] Hamann, S. 568; Valerie-Tagebuch, 9. Dezember 1889

[134] Valerie-Tagebuch, S. 210

[135] Corti, S. 442

Kaiserin Elisabeth als Mater dolorosa – Gemälde von Rudolf Hausleitner

für Uneingeweihte so schön scheinendes Familienleben, dass Mama und ich froh sind, wenn wir ruhig allein sein können. Ich weiss nicht warum, aber das hat in diesem Jahr erschreckend zugenommen – Papa hat so wenig Interesse mehr und ist – soll ichs sagen – so viel schwerfälliger und kleinlicher geworden [...] Das Zusammensein mit den Eltern ist fortwährend aus kleinen, sehr kleinen, aber unglaublich aufreibenden Peinlichkeiten zusammengesetzt. Mama klagt mir ständig ihr Leid. Und ich sehe Papa nicht mehr mit den Augen schwärmender Begeisterung an."[136] Auch Silvester 1889 und Neujahr waren trostlos. Am 30. Januar 1890 jährte sich Rudolfs Todestag zum ersten Mal und das Kaiserpaar nahm wie versteinert am Gedenkgottesdienst in Mayerling teil.

Das graue Kleid trug Elisabeth auch bei Valeries Hochzeit am 31. Juli 1890 und 1892 zur Taufe von deren erster Tochter Elisabeth (Ella) Franziska. Sonst war sie nur noch schwarz gekleidet. Schließlich lehnte sie es überhaupt ab, den 24. Dezember im Kreis der kai-

[136] Valerie-Tagebuch, S. 210

serlichen Familie zu feiern. Stattdessen verbrachte sie ihre Geburtstage und das Weihnachtsfest fern von Wien und ihrer Familie. Sie kreuzte mit dem Schiff durch das Mittelmeer und reiste von einem Ort zum andern. „Durch die ganze Welt will ich ziehen", sagte sie, „Ahasver soll ein Stubenhocker gegen mich sein. Ich will zu Schiff die Meere durchkreuzen, ein weiblicher ‚Fliegender Holländer', bis ich einmal versunken und verschwunden sein werde."[137]

Nie mehr einen Christbaum

Als Valerie, die im Juli Franz Salvator geheiratet hatte, die Mutter einlud, Weihnachten 1890 doch gemeinsam mit ihr und ihrem Mann im neuen Heim in Schloss Lichtenegg zu feiern, lehnte Elisabeth das entschieden ab. „Mama bestand immer darauf, daß wir Weihnachten in unserem Heim feiern, da sie ja nie mehr einen Christbaum sehen und ein Freudenfest daraus machen will. Doch schrieb ich ihr, wir möchten zu ihr kommen. ... Wie ich gedacht, wollte sie nichts davon hören, daß wir den Heiligen Abend in Wien verbringen."[138] Sie lehnte das mit den Worten ab: „Den 24. Dezember muß man zu Hause im Nest, mit Baum und allem feiern, wie schön und gemütlich es man nur kann. Meine Freude wird es sein, an diesem Abend aus der Ferne an Euch zu denken. Glück lebt ja nur in der Phantasie."[139] Und so feierte Valerie Weihnachten 1890 ohne ihre Mutter. Dabei erlebte sie, wie ein harmonisches Weihnachtsfest im Unterschied zu den tristen Heiligen Abenden der letzten Jahre am Kaiserhof in Wien, fern vom steifen Hofzeremoniell aussah.

Am 24. Dezember 1890 notierte sie in ihr Tagebuch: „Wir hatten schon an den früheren Tagen den Christbaum geputzt, [...] darüber einen Engel an die Decke gehängt und vor den moosumlegten Fuss

---

[137] Wallersee-Larisch, Marie Louise von: Kaiserin Elisabeth und ich, Leipzig 1935, S. 46 (Künftig: Wallersee – Elisabeth und ich)

[138] Valerie-Tagebuch, S. 244

[139] Elisabeth an ihre Tochter Valerie, Wien, 9. Dezember 1890; Corti, S. 453

stellten wir die Krippe, die uns Mama nebst dem ganzen Weihnachtsschmuck geschickt hatte. [...] Links drei Tische, welche Lederer und Maria richteten, mit Mamas Geschenken für uns beladen [...] Seit der Kindheit hat mir kein Weihnachtsbaum so schön geschienen, so echte Christfreude ins Herz gestrahlt [...] Die frohe Gemeinsamkeit (mit dem Dienstpersonal) machte den heiligen Abend zu einem so glücklichen, wie ich ihn noch nie erlebt. Welch ein Kontrast gegen die Christbescherungen in der Burg, wo alles so steif und peinlich war!"[140] Erst am 27. Dezember besuchte Valerie ihre Mutter in Wien. „Da sagte sie mir, als ich [nach der Hochzeit] von Ischl wegfuhr, sei ihr Herz gestorben und sie sei eine andre geworden."[141]

Politik vor Weihnachten 1891

Anfang Dezember 1891 kam Elisabeth mit ihrer Jacht „Miramar" aus Ägypten über Korfu nach Wien zurück, wo „verworrene politische Verhältnisse" herrschten. „Ministerpräsident Graf Taaffe, für den sie nie sehr eingenommen war, hat Slawen und Deutsche im Reiche gegeneinander ausgespielt und ist nun auf dem besten Wege, sich's mit allen zu verderben. Aber auch in Ungarn sind die Verhältnisse nicht besser geworden, besonders die sogenannte Unabhängigkeitspartei, die Kossuthianer, rühren sich."[142] Über diese Probleme fand eine Woche vor Weihnachten 1891 zwischen Franz Joseph und Elisabeth ein Gespräch statt. Elisabeth wurde gerade von ihrer Friseuse Fanny Feifalik frisiert und von Konstantin Christomanos in Griechisch unterrichtet, als der Kaiser erschien.

„Der Kaiser ist heute während der Stunde hereingekommen", notierte Christomanos in sein Tagebuch. „Die Friseuse versank in den Boden und entfernte sich flüsternd. Ich erhob mich von meinem Ses-

[140] Valerie-Tagebuch, S. 244

[141] Valerie-Tagebuch, S. 245

[142] Corti, S. 460

sel, doch der Kaiser hieß mich meinen Platz behalten und sprach mit der Kaiserin mehreres auf ungarisch. Sein Antlitz war ernst und bekümmert. Ich hörte die Namen von Staatsmännern und politischen Persönlichkeiten. Die Kaiserin hatte einen Ausdruck von intensiver Aufmerksamkeit im Antlitz; ihre Augen blickten vor sich hin, als ob sie einen winzigen Gegenstand scharf und durchdringend erfassen möchten. Dann antwortete sie dem Kaiser und unterbrach ihn des öfteren. Die ungarische Sprache tönte von ihren Lippen wie musikalische Perlen. Oft zuckte sie mit den Achseln und machte eine kleine Grimasse, die sehr vieles besagte und den Kaiser zum Lachen brachte. Dann erhob sich der Kaiser und schritt mit seinem elastischen festen Offiziersschritt aus dem Saal.

Die Friseuse rauschte wieder herein, und die Kaiserin sagte zu mir auf griechisch: ‚Ich habe jetzt mit dem Kaiser Politik getrieben. Ich möchte, ich könnte helfen; aber ich kann vielleicht besser griechisch. Ich habe auch zu wenig Respekt vor der Politik und erachte sie eines Interesses nicht wert. Interessieren Sie sich dafür?‘ – ‚Nicht so sehr, Majestät, ich verfolge sie nur in ihren großen Phasen – wenn Minister fallen.‘ – ‚Ah, die sind nur dazu da, um zu fallen; dann kommen wieder andere‘, sagte sie mit einem merkwürdigen Klang in der Stimme, der wie ein inneres Lachen war. [...]

Nach einer Weile fügte sie hinzu: ‚Überhaupt ist das Ganze ein solcher Selbstbetrug! Die Politiker glauben die Ereignisse zu führen und werden immer davon überrascht. Jedes Ministerium hat seinen Fall in sich, gleich vom ersten Augenblick an. Die Diplomatie ist nur dazu da, um von den Nachbarn irgendeine Beute zu ergattern. Aber alles, was auch geschieht, geschieht von selbst, aus innerer Notwendigkeit und Reife, und die Diplomaten konstatieren nur die Tatsachen.‘“[143]

[143] Christomanos, S. 55 f.

Heiligabend 1891 wurde Elisabeth 54 Jahre alt. Obwohl sie sich angeblich nicht mehr für Politik interessierte, kam ihr Mann dennoch zu ihr, um ihre politische Meinung einzuholen, da er ihr „ruhiges, unbeeinflußtes Urteil"[144] seit ihrer Mitwirkung beim Zustandekommen des ungarischen Ausgleichs vor 24 Jahren zu schätzen wusste.

Ein Tränenkrüglein als Geschenk

Elisabeths rigide Ablehnung, ihren Geburtstag und Weihnachten zu feiern, war ein Zeichen dafür, dass sie nicht nur ihrer eigenen Geburt, sondern ebenso der Geburt des Erlösers gleichgültig, vielleicht sogar ablehnend gegenüberstand. Durch Gottes Menschwerdung, so ihre Ansicht, sei die Menschheit in Wahrheit ja gar nicht von Leid, Not und allem Bösen erlöst worden. Der Gesang der Engel „Ehre sei Gott in der Höhe und Frieden auf Erden und den Menschen ein Wohlgefallen"[145], der über dem Stall von Bethlehem erklang, sei nur ein frommer Wunsch geblieben, der nie Realität wurde.

Ein ganz besonderes Geschenk überreichte ihr 1891 ihr Griechischlehrer Christomanos. „Zu ihrem heutigen Geburtstag am 24. Dezember brachte ich der Kaiserin Veilchen und ein antikes Tränenkrüglein, das ich aus Athen mitgebracht hatte. Sie nahm diese ‚Geschenke der Trauer und der Tränen', wie sie sagte huldvollst an. Ich bemerkte dabei: ‚Eure Majestät mögen nur Freudentränen in diesem Krüglein verwahren.' – ‚Da wird es immer leer bleiben', erwiderte sie, ‚und für die anderen ist es zu klein.'"[146]

[144] Corti, S. 460

[145] Evangelium Lukas, 2,14

[146] Christomanos-Tagebuchblätter, S. 64

Ein Jahr später hielt sich die Kaiserin an Weihnachten nicht in Wien auf. „Mama ist“, so notierte Valerie 1892 ins Tagebuch, „seit 1. Dezember auf hoher See und jetzt in Sizilien, reist weiter über die Balearen nach Spanien. Sie verbringt Weihnachten in Valencia, fährt dann weiter nach Malaga und Granada.“[147] „Wohin wir fahren“, so erinnerte sich Marie Festetics am 4. Dezember 1892, „weiß eigentlich nicht einmal ihre Majestät [die Kaiserin].“ Und „auch Franz Joseph erwartet immer nur voller Unruhe ein Telegramm, daß die Kaiserin irgendwo glücklich angekommen ist.“[148] Franz Joseph verbrachte Weihnachten 1892 ohne seine Frau diesmal bei seiner Tochter Gisela in München.

[147] Valerie-Tagebuch, S. 267

[148] Corti, S. 464 f.

Rastlose Winterreisen

1892 bis 1895

Weihnacht mit dem „dicken Luigi“

An ihrem 55. Geburtstag 1892 hielt sich Elisabeth ohne ihren Mann auf der spanischen Insel Mallorca bei dem eigenwilligen Erzherzog Ludwig Salvator auf, der dort einen umfangreichen Grundbesitz sein Eigen nannte. Beide galten am Kaiserhof als verschrobene Außenseiter und waren rastlos Reisende. Ihre Abwesenheit in Wien erregte Aufsehen und Franz Joseph sandte ihr ein Telegramm: „Ich hoffe, dass der dicke Luigi für Dein Wohlergehen sorgt.“

Mit dem zehn Jahre jüngeren, wohlbeleibten Erzherzog Ludwig Salvator, einem Cousin Franz Josephs, verband die Kaiserin eine enge Freundschaft. Mit seinem struppigen Bart, den weiten Leinenhosen und offenen Sandalen wirkte er leicht verwahrlost und war das, was man heute als einen „Aussteiger“ bezeichnen würde. Aber gerade weil er nicht der „Prinzenschablone“ entsprach, gefiel ihr Ludwig Salvator. Wie sie liebte er Bäume. Er pflegte kranke Bäume gesund und von ihm erfuhr sie auch, dass man den Unterschied zwischen den einzelnen Baumarten am Säuseln der Blätter im Wind hören kann, und sie lernte von ihm, diesen geheimnisvollen Liedern der Bäume zu lauschen. In seinem Büchlein „Lieder der Bäume. Winterträumereien in meinem Garten in Ramleh“ beschrieb Ludwig Salvator die durch den Wind verursachte „Musik der Bäume und Sträucher“ höchst einfühlsam.

Dieser Musik lauschte die Kaiserin gerne und empfand sie als „klingenden Atem Gottes“. Dabei kam sie zur Ruhe. „Wir sollen die Musik aller Dinge in uns aufnehmen, in uns zu einer Einheit verschmelzen“, sagte sie einmal. „Wir sollen uns über das Herz der Erde beugen und seinem Pochen lauschen. Dort fließen wie in ein Muschelbecken die großen Harmonien zusammen: alle Sonnenstrahlen, die nie erloschen, und die Träume, die noch nicht geboren sind, die Freuden der Blumen, die Schwermut der Herbste, die Sehnsuchten der Flüsse in die Ferne und das Schweigen der Wolken. Wir sollen zurückkehren, dorthin, von wo wir gekommen sind, in den Urton des Rheins, aus dem das Rheingoldlied geboren wurde. Auf diese Weise werden wir als Sieger über uns selbst siegen. Was wir erst mit Hilfe des Todes tun können, sollten wir ganz allein und schon im Leben vollbringen.“[149]

Rastlos übers stürmische Meer

Ab 1892 erfüllte sich Elisabeth zur Weihnachtszeit einen ganz besonderen Herzenswunsch. Sie unternahm auf den kaiserlichen Yachten, der „Miramar“ und dem „Greif“, ihre Winterreisen. 1892 verbrachte sie den Heiligen Abend in Valencia, dann ging es weiter nach Malaga und am 31. Dezember war sie schon in Granada.

Was ihr Gefolge fürchtete, war die Tatsache, dass auch Stürme auf dem Meer sie nicht von ihren Schiffsreisen abhalten konnten. So brach 1890 gleich zu Beginn einer Fahrt mit dem englischen Segelkutter „Chazalie“ von Dover aus ein furchtbarer Sturm los, der das kleine Schiff wie eine Nussschale hin- und herwarf. Hochauf schlu-

[149] Christomanos, S. 171 f.

gen die Wogen aufs Deck. Elisabeth ließ sich an einen Mast binden, um von den peitschenden Wellen nicht ins tosende Meer geschleudert zu werden. Völlig durchnässt schaute sie begeistert dem Wüten der entfesselten Elemente zu. Ihre Hofdamen standen Todesängste aus. Marie Festetics schrieb an Ida Ferenczy: „Über die Fahrt kann ich nur sagen, es war entsetzlich, ein Wunder, daß wir das Ufer erreichten. Niemand kann sich vorstellen, wie es war [...] Was ich in den ersten achtzehn Stunden gelitten habe, ist unbeschreiblich [...] Der Gedanke, wieder auf das Schiff zurückzukehren, ist entsetzlich. Ich bete, daß ich die Kraft nicht verliere; [...] das alles ist auch mir zuviel."[150] Die Hofdamen wurden alle seekrank und erlitten einen Schock und die Passagiere waren „halbkrepiert", wie Marie Festetics klagte. Die Kaiserin hingegen genoss das Schauspiel und schaute dem Tod lächelnd ins Gesicht. „Du willst mich wiegen schaukeln", heißt es in einem ihrer Gedichte ans Meer, „Dein Arm ist ja so weich,/ Bis endlich Du mich dennoch,/ziehst in dein nasses Reich."[151]

Elisabeth wurde von lebensgefährlichen Überfahrten auf dem stürmischen Meer regelrecht angezogen. Sie lachte, wenn ihre Hofdamen bei Stürmen wie am Jüngsten Tag Todesängste ausstanden und nahm in ihrer Begeisterung für Naturgewalten weder Rücksicht auf das Wetter noch die Empfindlichkeit ihrer Begleiter. „Ich sitze hier auf dem schaukelnden Schiff in der fremden Welt – allein", notierte ihre stets seekranke Hofdame Marie Festetics. „Auch dies wird vergehen, aber es ist schwer, mit fröhlichem Gesicht dem zuzuschauen."[152] Doch damit nicht genug. Die bewegungssüchtige Kaiserin nötigte die Festetics auch noch, auf dem schwankenden Schiff neben ihr hin- und herzugehen, und setzte sie der Gefahr aus, vom Schiffsdeck ins tosende Meer gespült zu werden.

---

[150] Marie Festetics an Ida Ferenczy, Paris, 27. August 1890; Corti, S. 448

[151] Poetisches Tagebuch, S. 45

[152] Corti, 18.10.1888; Hamann, S. 566

Einmal startete die „Miramar“ vor Korfu bei gewaltigem Nordostwind. „In ihrer Todesangst flüchteten zwei der Kammerfrauen in eine Ecke“, so erinnerte sich Alexander von Warsberg. Doch Elisabeth, begeistert vom Sturm und dem hohen Wellengang, forderte die Damen auch noch auf, „den herrlichen Sonnenuntergang, die Farben auf dem Gebirge hinter Patras zu bewundern, bis die armen Geschöpfe in Jammerlaute ausbrachen, sie sähen gar nichts als die fürchterlichen Wellen.“[153] Bei ihren Meeressturmfahrten setzte sich die Kaiserin nicht nur selbst der Gefahr eines Schiffsuntergangs aus, sondern auch alle ihre Begleiter. „Es dürfen mich“, so äußerte sie einmal, „auch nur Menschen begleiten, die entweder nichts mehr zu verlieren oder mit dem Leben überhaupt abgeschlossen haben.“[154] Und: „Am besten wäre für mich eine Schiffsmannschaft von lauter zum Tode Verurteilten. Da bräuchte ich mir kein Gewissen daraus zu machen, sie der Gefahr auszusetzen.“[155] „Am liebsten wäre ihr gewesen“, schreibt ihre Nichte Amélie, „wenn ihr Schiff bei einem starken Sturm untergegangen wäre. [Sie] betete ‚zum großen Jehova‘, er möge das ganze Schiff zugrunde gehen lassen.“[156]

Mit Hunden und Katzen auf Madeira

Am 1. Dezember 1893 begann die Kaiserin auf der nur mehr wenig seetüchtigen Jacht „Greif“, mit der das Navigieren immer schwieriger wurde und die ihr Generalmajor Berzeviczy als alte „Hutschen“[157] bezeichnete, auf der er immer krank werde, ihre Winterreise. Es ging über Miramar und Algier nach Madeira, wo sie sich nach 33 Jahren

[153] Hamann, S. 566

[154] Müller, Peter/Kabelka, Viktor: Auf Reisen mit Sisi, Wien 2002, S. 28 (Künftig: Müller-Kabelka)

[155] Müller-Kabelka, S. 28

[156] Hamann, S. 569 (Amélie, Herzogin von Urach: Tagebuch, 4.12.1890. Nachlass Sexau)

[157] Corti, S. 471

zum zweiten Mal für knapp eineinhalb Monate aufhielt, vom 23. Dezember 1893 bis zum 4. Februar 1894. Quartier nahm sie als „Gräfin von Hohenembs“ dieses Mal nicht in der „Quinta Vigia“, sondern im „Reid’s Palace“, dem Luxushotel des schottischen Hoteliers William Reid westlich von Funchal. Streunende Hunde und Katzen, die ihr über den Weg liefen, brachte sie einfach mit ins Hotel und beauftragte das Personal, die Tiere täglich auf ihre Kosten zu füttern, was Irritationen auslöste, auch wenn man ihren Wunsch dann doch erfüllte. Schließlich wollte man zur Weihnachtszeit auch Tiere nicht ausgrenzen.

Wie schon so oft verbrachte die Kaiserin auch in diesem Jahr Weihnachten und Neujahr ohne Franz Joseph, der ihr brieflich „in treuer Liebe Glück und des Himmels Segen“ wünschte und resigniert hinzufügte: „Ich bitte um Deine fernere Güte und Nachsicht. Glück ist bei uns eigentlich ein unrichtiger Ausdruck, und es genügt etwas Ruhe, gutes Einverständnis und weniger Unglück als bisher. Habe auch im kommenden Jahr Nachsicht mit meinem Alter und mit meiner zunehmenden Vertrottelung. Deine Güte und Fürsorge und die Freundschaft der Freundin [gemeint ist die Schauspielerin Katharina Schratt] sind die einzigen Lichtpunkte in meinem Leben. An Dich denke ich beständig mit unendlicher Sehnsucht, und freue mich schon jetzt auf das leider noch so ferne Wiedersehen.“[158]

Elisabeth unternahm auf Madeira ausgedehnte Spaziergänge, besuchte einige Villen und Quintas und versuchte sich an Übersetzungen von William Shakespeare und Arthur Schopenhauer ins Neugriechische, wobei sie ihr Griechischlehrer Constantin Christomanos unterstützte. Der Kaiser hielt sich von Heiligabend bis zum 26. Dezember 1893 wie schon mehrfach bei seiner Tochter in Lichtenegg auf. 1894 war er schon am 5. Dezember bei Valerie. „Er setzte sich zu den

[158] Corti, S. 471 f.

Kindern [Enkeln) auf den Boden, spielte mit ihnen Verstecken und freute sich mit an ihrer Nikolausbescherung."[159]

Weihnachtsspaß in Algier

Während sich Franz Joseph am 24. und 25. Dezember 1894 bei Valerie in Schloss Lichtenegg aufhielt, begab sich Elisabeth für fünf Monate auf ihre Winterreise nach Pola, Marseille, Algier, Biscra und Constantine. Sie startete Anfang Dezember von Schloss Miramare bei Triest aus mit ihrem „schwimmenden Palast", der Yacht Miramar, in Richtung Marseille. Ein Sturm, bei dem ihre Hofdame Irma Sztáray blutige Ängste ausstand, während die Kaiserin das Unwetter sichtlich genoss, zwang die Jacht im Hafen von Pola Schutz zu suchen.

Die Weiterfahrt nach Marseille musste mit der Eisenbahn fortgesetzt werden und von dort ging es auf dem großen, schönen Schiff „General Chanzy" nach Algier, erneut bei Sturm, den die Kaiserin abermals genoss. Dort logierte Elisabeth mit ihrem Gefolge ab dem 12. Dezember im schlossähnlichen „Hotel Splendide". Und hier blühte die 57-Jährige förmlich auf, durchstreifte mit ihrer Hofdame die Stadt, versuchte bei Einkäufen um den Preis zu feilschen, was ihr aber nicht gelang. Spontan „produzierte sie" vor ihrer Hofdame „ein Turnerstückchen, das einem Parterregymnastiker [Bodenturner] zur Ehre gereichte hätte", wie sich Irma erinnerte. „Jetzt versuchen Sie es einmal", sagte sie zu ihrer Hofdame „und lachte herzlich, als der Versuch mir durchaus nicht gelingen wollte."[160]

Wegen anhaltendem Regen und stürmischem Wetter befahl die Kaiserin, mit dem Schiff nach Marseilles zurückzukehren. Dort bestellte sie im „Hotel de la Paix" ihr Leibgericht „ein herrliches Diner […] mit französischen Austern, dann gab es treffliche Fische und

[159] Valerie-Tagebuch, S. 279
[160] Sztáray-Erinnerungen, S. 37

Braten, zuletzt frische Wilderdbeeren. Ach, wie das nun alles schmeckte!", notierte Irma, „Inzwischen tranken wir Asti spumante, den einzigen Wein, dem zuweilen auch die Kaiserin zusprach. [...] Doch aller guten Dinge Ende ist das – Eis"[161], das sie sich mit Irma in einer Konditorei munden ließ. Besonders amüsierte es Elisabeth, als ihr Friseuse, Fanny Feifalik, vor der Weiterreise nach Cap Martin auf dem Bahnsteig die Kaiserin imitierte, in würdevollster Haltung herumstolzierte und die Passanten zum Narren hielt, die glaubten, sie wäre die Monarchin.

Frau Wahrheit will niemand beherbergen

Von 1895 an verbrachte die Kaiserin die Wintermonate auf Cap Martin, das an der französischen Mittelmeerküste zwischen Monaco und Menton liegt, und auch in Biarritz. Sie fühlte sich jetzt noch älter, da sie mit erst 57 Jahren auch noch Urgroßmutter geworden war, nachdem Giselas älteste Tochter Elisabeth am 4. Januar 1895 ein Mädchen zur Welt gebracht hatte. Nun waren, wie sie erklärte, „die drei einzigen Wurzeln, die sie noch an diese Erde ketten, Franz Joseph, Valerie und Katharina Schratt."[162] Doch die drei sind weit von ihr entfernt.

Ihr Mann zog sich am 23. Dezember 1895 wieder zu Valerie nach Lichtenegg zurück. Elisabeth ließ ihm ein eigenartiges Geschenk zukommen, ein Gemälde des österreichischen Malers Franz von Matsch. Darauf ist Franz Josephs Freundin, die Schauspielerin Katharina Schratt in der Rolle der „Frau Wahrheit" als einfach gekleidete, lächelnde Frau mit einem Spiegel in der rechten Hand dargestellt.

Das Bild mit dem Titel „Frau Wahrheit will niemand beherbergen" spielt auf das gleichnamige Fastnachtsspiel von Hans Sachs an, in

[161] Sztáray – Erinnerungen, S. 49
[162] Corti, S. 471

Kaiserin Elisabeths Jacht Miramar – historische Fotografie

dem „Frau Wahrheit“ die Hauptrolle spielt. Sie ist weit herumgezogen im Land. In Städten hat sie Herberge gesucht, an Fürstenhöfen hat sie vorgesprochen und bescheidene Hütten hat sie aufgesucht, aber nirgends kann „Frau Wahrheit“ lange bleiben, denn mit der Wahrheit wollen sich die Menschen nicht recht anfreunden. Wieder einmal kommt „Frau Wahrheit“ auf ihrer Herbergssuche zu einfachen Bauersleuten und gerne gewährt man ihr Gastfreundschaft. Als diese im Gespräch aber „Frau Wahrheit“ erkennen, die keine Lüge duldet und, ohne auf jemanden Rücksicht zu nehmen, schonungslos der Wahrheit dient, da fällt es auch den Bauersleuten schwer, „Frau Wahrheit“ bei sich zu behalten. Sie muss weiter ziehen und hat begriffen, dass die Menschen Wahrheit auf Dauer nicht ertragen können. Auf einer Vorstudie des Gemäldes stellte Matsch die Schratt als „Frau Wahrheit“ ebenfalls lächelnd mit Schleier dar, wobei aber unten links im Bild noch die trauernde Wahrheit und rechts unten die hoffnungsvoll nach oben blickende Wahrheit dargestellt sind.

„Franz Joseph ist gerührt über diese Aufmerksamkeit, aber was er sonst über die Lebensweise seiner Frau hört, bedrückt ihn sehr.“[163] Was aber wollte Elisabeth ihrem Mann mit diesem Weihnachtsgeschenk sagen? Wollte sie mit dem Bild der „Frau Wahrheit“ womöglich zum Ausdruck bringen, dass auch in ihrer Beziehung zum Kaiser die Wahrheit keinen Platz hat? Wie „Frau Wahrheit“ ist auch sie ständig auf Reisen, ohne je anzukommen. Für Franz Joseph war das Bild wohl aber nur ein Hinweis darauf, dass Elisabeth es akzeptiert, dass ihm Katharina Schratt seit zehn Jahren während ihrer ständigen Abwesenheit als „Freundin“ zu Verfügung stehen darf. Das Bild der „Frau Wahrheit“ war somit ein Geschenk Sisis zum zehnjährigen Jubiläum von Franz Josephs Beziehung zur Schratt, denn 1885 waren sich die Schauspielerin und der Kaiser beim „Ball der Industriellen“ erstmals begegnet. Elisabeth, der damals die Schwärmerei ihres Mannes für die Schratt nicht verborgen geblieben war, hatte daraufhin im Frühjahr 1886 ein Treffen zwischen den beiden im Atelier des Hofmalers Heinrich von Angeli arrangiert, bei dem sie für den Kaiser ein erstes Porträt der Schauspielerin in Auftrag gegeben hatte. Dadurch, dass sie bei diesem Treffen selbst zugegen war, zeigte sie, dass diese Beziehung ihren Segen hatte. Sie wusste ihren Mann bei der Schratt in guten Händen und war von ihren ehelichen Pflichten befreit. Franz Joseph traf sich seither mit der Schauspielerin regelmäßig nahe Schönbrunn in deren Villa, die er ihr geschenkt hatte, zu einem angeregten Plausch und vielleicht ein bisserl mehr.

Eine Schüssel voll Veilchen

Bei dem längsten Aufenthalt Elisabeths in Cap Martin vom 25. November 1895 bis zum 4. März 1896 begleitete sie ihre Hofdame Irma Sztáray. Die Hofdame berichtet in ihren Erinnerungen, was sich am Heiligen Abend 1895 ereignete:

---

[163] Corti, S. 475 f.

„Am 24. Dezember, dem Geburtstage der Kaiserin, hörten wir in der improvisierten Hauskapelle eine heilige Messe. Seit dem Tode des Kronprinzen war die mündliche Gratulation nicht gestattet. Ich nahm eine Schüssel voll Veilchen und mit dieser begrüßte ich die Kaiserin – stumm. ‚Das ist lieb und warm, wie alles, was von Ihnen kommt,' sagte sie. ‚Wenn ich die Glückwünsche nicht liebe, so ist es deshalb, weil nach so vielem Unglück, das mich getroffen, jeder Glückwunsch mir als Hohn erscheint!' Einen Weihnachtsbaum gab es nicht. Die Kaiserin verlebte den Heiligen Abend in gänzlicher Zurückgezogenheit."[164]

Nicht so ihr Mann Franz Joseph. Er verbrachte den 23. Dezember 1896 wieder bei Valerie in Schloss Lichtenegg und verhielt sich zu seinen Enkelkindern „heiter, rührend und froh"[165], wie Valerie ins Tagebuch notierte. Während der Kaiser zu seinem Sohn, dem Kronprinzen Rudolf, eine ausgesprochen distanzierte Beziehung hatte, entpuppte er sich im Umgang mit seinen Enkelkindern als liebevoller Großvater und das vor allem an den Weihnachtstagen, wo er die Ruhe der Feiertage in ihrem Kreis ganz besonders genoss und die Abwesenheit seiner Frau als unabänderlich akzeptierte.

Heines Weihnachtsgedicht

Den Dichter Heinrich Heine verehrte Kaiserin Elisabeth unter allen Dichtern ganz besonders. Sie fühlte sich von seinem Werk inspiriert und war überzeugt, dass ihr der „Meister" beim Verfassen ihrer Gedichte sogar die Hand führen würde. Natürlich kannte sie alle Schriften Heines. Sein melancholisches Weihnachtsgedicht „Ein Fichtenbaum steht einsam" schätzte sie ganz besonders.

---

[164] Sztáray – Erinnerungen, S. 126 f.

[165] Valerie-Tagebuch, S. 287

„Ein Fichtenbaum steht einsam
Im Norden auf kahler Höh'.
Ihn schläfert; mit weißer Decke
Umhüllen ihn Eis und Schnee.

Er träumt von einer Palme,
Die, fern im Morgenland,
Einsam und schweigend trauert
Auf brennender Felsenwand."

In Anlehnung an dieses Heine-Gesicht verfasste Elisabeth das Gedicht „An Robert". Es ist an den Philologen und Archäologen Carl Robert gerichtet, den die Kaiserin wegen seiner Arbeiten über die griechische Mythologie schätzte. Darin finden sich die Zeilen:

„Kennst du das Lied vom Fichtenbaum
Im fernen, kalten Norden?
So sah ich Dich heut' Nacht im Traum,
Palme war ich geworden. [...]

Nie dürfen wir uns näher sein
Wie Palmenbaum und Fichte;
Du lebst in düsterm Lampenschein
Und ich – im Sonnenlichte."[166]

Elisabeth identifizierte sich mit der einsamen Palme im fernen Morgenland, die von einem einsamen Fichtenbaum im Norden träumt. Ihre Sehnsucht lässt sich nicht erfüllen. Beide sind voneinander zu weit entfernt und bleiben für immer allein. Übrigens, auch Franz Joseph saß nur zu oft allein „in düstrem Lampenschein" seines Arbeitszimmers, während Elisabeth auf Korfu oder anderswo einsam im „Sonnenschein" träumte.

[166] Poetisches Tagebuch, S. 164

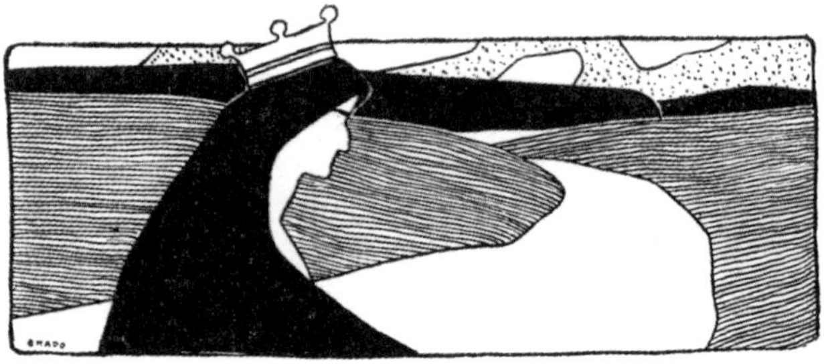

Erlöschen der Weihnacht

1896 bis 1898

Marias weihnachtliches „Magnificat“

Elisabeth war zeitlebens eine Verehrerin der Mutter Gottes. Ihrem Lieblingskind Marie Valerie gab sie als ersten Namen den Marias. Immer wieder wandte sie sich mit Anliegen an die Gottesmutter, betete zu ihr, pilgerte mehrfach nach Mariazell, schenkte den Marien-Wallfahrtsorten auch wertvolle Votivgaben, ließ sich von Lourdes eine geweihte Medaille bringen, die sie an ihrer Uhrkette ständig bei sich trug. Sie verfasste auch Bittgebete an Maria, so etwa: „O breite deine Arme aus,/Maria, die wir grüßen,/Leg’ schützend sie auf dieses Haus/Im Tal zu Deinen Füßen …,“[167] Die Kaiserin wusste: Ohne das Jesuskind kein Weihnachten. Ohne Maria kein Jesuskind. Ohne Maria also kein Weihnachten. Maria spielt an Weihnachten also die tragende Rolle, Josef ist an den Rand gerückt.

Äußerungen von Maria sind in der Heiligen Schrift nur wenige überliefert. Am bekanntesten ist eine eindrucksvolle Aussage von ihr, die auch die Kaiserin kannte, da sie dieses Loblied in Gottesdiensten zu hören bekam. Dabei handelte es sich um das „Magnificat“, diesen

[167] Alfons Schweiggert: Elisabeth und ihr Gott, München 2021, S. 96

berühmten revolutionären Lobgesang der Gottesmutter, von dem der Evangelist Lukas berichtet. Wenige Tage, nachdem Maria erfahren hatte, dass sie die Mutter des Gottessohnes werden sollte, habe sie ihre Cousine Elisabeth besucht, um ihr das freudige Ereignis mitzuteilen. Nachdem sie von ihr herzlich begrüßt worden war, stimmte die sonst so wortkarge Maria eine geradezu visionäre Rede an, die nach dem Anfangswort der lateinischen Fassung „Magnificat" heißt und mit den Worten beginnt: „Magnificat anima mea Dominum" – „Meine Seele preist die Größe des Herrn". In diesem Loblied auf Gott verkündet Maria Gottes Taten. Dass die Kaiserin besonders bei der folgenden Stelle aufmerkte, ist gut vorstellbar:

„Er [Gott] vollbringt mit seinem Arm machtvolle Taten:
Er zerstreut, die im Herzen voll Hochmut sind.
Er stürzt die Mächtigen vom Thron und erhöht die Niedrigen.
Die Hungernden beschenkt er mit seinen Gaben und lässt die Reichen leer ausgehen."[168]

Diese Worte Marias trafen die Kaiserin ins Herz. War nicht auch sie selbst und ihre kaiserliche Verwandtschaft damit gemeint? Und wie kam Maria, diese demütige Hausfrau, zu der sie von den Predigern seit Jahrhunderten gemacht wurde, dazu, auf einmal die Stimme zu diesem geradezu revolutionären Hymnus zu erheben, der die Monarchien und die alten Hierarchien, auch die zwischen Männern und Frauen, infrage stellte. Sie pries einen Gott, der sich mit den Armen, Niedrigen und Hungernden solidarisch erklärt und Partei für sie ergreift. An die Reichen und Hochmütigen, an die Mächtigen auf den Thronen dieser Welt ergeht eine scharfe Warnung. Elisabeth imponierte, dass Maria mit ihrem vorweihnachtlichen „Magnificat" schon vor über 1800 Jahren allen tyrannisierten Menschen eine Stimme gab und rücksichtlos Kritik am nationalen, patriarchalen, re-

[168] NT, Evangelium Lukas 1,46-55

ligiösen und rassistischen Größenwahn übte. Womöglich wurde Kaiserin Elisabeth dadurch sogar inspiriert, der „verkommenen Brut" des österreichischen Kaiserhauses und der Monarchie den Untergang zu prophezeien.

Stürmische Weihnacht in Biarritz

Auch im November 1896 ergriff Elisabeth die zu dieser Zeit übliche Unruhe, und so trat sie am 30. November die gewohnte alljährliche Winterreise an. „Diesmal geht es in den ersten Tagen im Dezember nach Biarritz. Die Lebensweise der Kaiserin ist dort wenig vernünftig. Fleisch will sie nicht essen und läßt sich daher als Ersatz aus halbrohen Beefsteaks den blutigen Saft zu einer Suppe auspressen. [...] Von früh bis abends weilt sie am Strand. Es herrscht meist schlechtes Wetter. ‚Wie großartig das hiesige Meer ist', schreibt die Kaiserin, ‚davon hat kein Mensch einen Begriff, doch kann man bei diesem Sturmwind kaum vorwärtskommen [...] Tag und Nacht brüllen Wind und Meer derartig, daß man im Kopf davon ganz wirr wird'."[169]

Während die Kaiserin von den Stürmen begeistert ist, schreibt ihr Franz Joseph besorgt: „Ich hoffte, daß das schlechte, stürmische Wetter Dir den Biarritzer Aufenthalt verleiden und Dich bald nach Cap Martin bringen wird, und nun bist Du in eine so weltschmerzliche Stimmung geraten, in die Du Dich beim Tosen des Meeres und beim Heulen des Sturmes immer mehr hineinarbeitest [...] Ich fürchte, daß Du [...] fortgesetzt an der Untergrabung Deiner Gesundheit fortarbeiten wirst, bis es zu spät ist und keine Hilfe mehr möglich sein wird. Ich kann leider nichts tun, als dich bitten, aus Erbarmen mit mir und Valerie Dich gründlich zu schonen, nach den Vorschriften Kerzls [kaiserlicher Leibarzt] zu leben und vor allem zu essen."[170]

---

[169] Corti, S. 484

[170] Franz Joseph an Elisabeth, Wien, 15. und 17. Dezember 1896; Corti, S. 484 f.

Während Elisabeth in Biarritz die Tage in melancholischer Stimmung verbrachte, feierte Franz Joseph auch 1896 Weihnachten wieder „in heiterer Stimmung“[171] bei seiner Tochter Marie Valerie in Lichtenegg.

Blumen-Weihnacht in Paris

„Am 18. Dezember [1897]“, so notierte Irma Sztáray ins Tagebuch, „reisten wir nach Paris. Im Hotel Deminici waren wir ausgezeichnet untergebracht, doch die Kaiserin litt auch weiter sehr [an Rheumatismus]. Von einem Arzte wollte sie auch hier nichts hören und berief den berühmten Masseur Metzger zu sich. Sie verbot, dem Kaiser oder ihrer Tochter über ihren Zustand zu berichten, und als ich entgegnete, daß dies eine Gewissenspflicht wäre, antwortete sie: ‚Ich will es nicht! Wozu soll ich ihnen Leid bereiten? Es ist genug, wenn ich leide. – Einen großen Schmerz werden sie ja ohnehin noch erleiden müssen, wenn ich sterbe. – Nein‘, fügte sie bitter hinzu, ‚eines will ich nicht: den Kaiser überleben. – Jeden Schicksalsschlag habe ich ertragen, doch dies will ich nicht, dies könnt’ ich nicht ertragen! – Auch will ich nicht, daß sie bei meinem Tode anwesend seien; ich will allein sterben.‘

In diesen qualvollen Tagen kehrte sie immer wieder auf dieses peinliche Thema zurück und ich bot vergebens alles auf, den Todesgedanken von ihr zu bannen. Wie ein flügellahmer, kranker Vogel quälte sie sich durch den Tag, kaum einer Bewegung fähig. Müde, gebrochen, tiefe Trauer in ihren Blicken, saß sie in ihrem Armstuhle und es war noch gut, daß sie, wenn ihre Schmerzen nachließen, ein wenig einschlummerte. Ich war der Verzweiflung nahe und schon auf dem Punkte, gegen ihren Willen und ihr Verbot zu handeln.

Nach dem in Angst und Bangen verlebten Heiligen Abend brachte der Weihnachtstag einige Erleichterung. Ihre Schmerzen wurden gelinder, sie atmete ein wenig auf und mit einem leidvollen Lächeln auf den Lippen begleitete sie mein Beginnen, ihr Zimmer in einen Blu-

[171] Valerie-Tagebuch, S. 289

mengarten zu verwandeln, mit jenen Blumen, welche ihre Getreuen und Freunde ihr als Zeichen der Huldigung gesandt hatten.“[172]

Kaiser Franz Joseph verbrachte Weihnachten 1897 erstmals in Valeries neuem Heim in Schloss Wallsee. Am 24. Dezember hatte Valerie „eine Sonderbescherung 12 armer Kinder“ organisiert, „die völlig bekleidet werden und eine Christbaumfeier in der Schule.“[173] Franz Joseph erinnerte sich, dass weder er noch seine Frau seit 1890 Weihnachten am Wiener Hof gefeiert hatten. Gräfin Marie Festetics hatte dafür auch Verständnis, dass Elisabeth das „geisttödtende Leben“ am Hof ablehnte, da sich „die Nichtigkeit – der Abgang des Lebenswerthen, sich nirgends so fühlbar macht wie an einem Hof, wenn man sich an den äußeren Glanz gewöhnt und so recht inne wird, wie das eben so ganz äußerlich und wie Flittergold an den Weihnachtsnüßen und Äpfeln die Schäden nur vergoldet; – Wie begreife ich den Mangel an Befriedigung, den die Kaiserin empfindet!“[174]

Ein eigenartiger Wunsch

„Was wird auf diesen Blättern stehen?“[175], fragt sich Valerie zu Beginn des Jahres 1898, das für ihre Mutter mit einer quälenden Nervenentzündung in Schulter und Arm beginnt und ihr die Nachtruhe raubt. „Auch das wird einmal ein Ende nehmen“, meint sie zu Valerie, „umso besser wird die ewige Ruhe.“[176] Das Jahr über begleiten sie körperliche Schmerzen, tiefe Melancholie und seelische Trostlosigkeit, die sich durch Kuraufenthalte in Kissingen, Bad Brückenau und Bad Nauheim nur wenig mildern lassen. „Weißt du“, versichert sie ihrer Tochter Valerie, „die beiden Worte ‚hoffen‘ und ‚sich freuen‘ habe ich für immer aus meinem Leben gestrichen.“[177] Und ihrem Mann gesteht

---

[172] Sztáray – Erinnerungen, S. 171 ff.

[173] Valerie-Tagebuch, S. 299

[174] Festetics-Tagebuch, 27. 9.1878; Hamann, S. 289

[175] Valerie-Tagebuch, 1. Januar 1898; Corti, S. 493

[176] Elisabeth an Valerie, San Remo, 17. Januar 1888; Corti S. 493

[177] Corti, S. 494

sie: „Ich fühle mich wie achtzig Jahre", worauf ihr Mann entgegnet: „Daß Du Dich wie achtzigjährig fühlst, ist übertrieben, aber alt, immer schwächer und blöder wird man allerdings, und die Nerven lassen immer mehr nach. Das alles fühle ich auch und die Fortschritte in meinem Verfalle sind in diesem Jahr besonders groß."[178] Ende August 1898 traf die Kaiserin dann in der Schweiz ein, wo der letzte Akt ihres Lebens begann.

Einen Tag vor ihrem Tod äußerte Elisabeth einen sonderbaren Wunsch. Auf Einladung von Julie Rothschild besuchte sie am 9. September die Baronin in deren prachtvollen Villa in Pregny am Genfer See. Nach dem Diner erfolgte ein Rundgang durch die mit Kostbarkeiten und Kunstschätzen ausgestattete Villa. Besonders begeisterte die Kaiserin das zauberhafte Blumenmeer in den Gewächshäusern und der Anblick der fremdartigen Vögel aus aller Welt in den Volieren, bei deren Anblick sie zu ihrer Gastgeberin plötzlich sagte: „Je voudrais que mon âme s'envolât vers le ciel par une toute petite ouverture de mon coeur." [„Ich wünschte, meine Seele könnte durch eine ganz kleine Öffnung in meinem Herzen in den Himmel entgleiten."][179] Gräfin Sztáray deutete dies später als Vorahnung Elisabeths auf ihren Tod am nächsten Tag, dem 10. September 1898. Da stürzte sich am Quai du Mont Blanc, der Uferpromenade am Genfer See, der italienische Anarchist Luigi Lucheni auf die Kaiserin und stieß ihr eine von ihm selbst zugespitzte Feile ins Herz. Elisabeth stürzte zu Boden, bemerkte die schwere, aber kaum sichtbare Wunde jedoch nicht, da der Einstich sehr klein war. Sie schleppte sich noch zum Dampfer „Genève", der auf sie wartete. Dort brach sie zusammen und wurde sofort zurück ins Hotel gebracht, wo sie ihr Leben aushauchte.

Ein derart leichtes Ende sehnte sich Elisabeth mehrfach in ihrem Leben herbei, ein sanftes Einschlafen und Verlöschen. „Ich möchte

---

[178] Franz Joseph an Elisabeth, Ofen, 25. Februar 1898; Corti, S. 493

[179] Vocelka, Michaela und Karl: Sisi. Leben und Legende einer Kaiserin, München 2014, S. 96 (Künftig: Vocelka)

dieser Welt entschwinden wie der Vogel, der auffliegt und im Äther verschwindet, oder wie der aufsteigende Rauch, der hier vor unseren Augen blaut und im nächsten Augenblicke nicht mehr ist."[180] Diesen Wunsch äußerte sie gegenüber ihrer Hofdame Gräfin Sztáray. Das „schöne Sterben", ein vorgezogener Weihnachtswunsch, erfüllte sich für die Kaiserin auf seltsame Weise. Sie entschwand von der Welt tatsächlich wie ein in den Wolken entschwindender Vogel oder wie ein sich in nichts auflösender Rauch.

Letzter Kauf von Weihnachtsgeschenken

Am 9. September 1898, einen Tag vor ihrer Ermordung, besorgte die Kaiserin noch ein Weihnachtsgeschenk für ihre Lieblingstochter Marie Valerie. Dies geschah nach ihrer Rückkehr nach Genf, als sie in Begleitung ihrer Hofdame Irma Sztáray einen Bummel in der Stadt unternahm. Obwohl es schon abends war, genehmigten sich die beiden in einer Konditorei noch ein Eis und „genossen den schönen lauen Abend. Auf dem Heimweg", so Irma, „gingen wir zu Dimier, wo die Kaiserin ein herrliches Tischchen für Erzherzogin Valerie für Weihnachten kaufte; da sie ihr Inkognito nicht verraten wollte, verfügte sie, daß das Tischchen nicht in ihre Wohnung geschickt werde, sondern beauftragte mich, das Nötige zu veranlassen. [...] Wir verließen den Laden"[181] und kehrten ins Hotel Beau Rivage zurück.

Am nächsten Tag, den 10. September, spazierte Elisabeth um 11.00 Uhr vormittags, wenige Stunden vor ihrem Tod, in „die Rue Bonnivard in den Laden Bäckers", wo sie „das Orchestrion der Adelina Patti [berühmte Opernsängerin] zu hören wünschte." Dabei handelte es sich um ein mechanisches Musikinstrument mit Orgel-, Klavier- und Geigenwerk. „Bäcker setzte sofort das orgelartige Instrument in Bewegung, das die Musik eines ganzen Orchesters in mög-

[180] Sztáray – Erinnerungen, S. 264

[181] Sztáray – Erinnerungen, S. 224

lichster Treue wiederzugeben suchte. Aida, Carmen, Rigoletto, dann Tannhäuser kamen an die Reihe. Diese letztere war die Lieblingsoper der Kaiserin. ‚Ich liebe sie mehr als Lohengrin, es liegt in ihrer Musik etwas Mystisch-Fatalistisches wie im Geschicke ihres Helden.' Wir kauften jetzt noch ein gewaltiges Ariston [ein ähnlicher Musikautomat wie das Orchestrion] mit 24 dazugehörigen Piecen [Lochplatten] für die Kinder [von Elisabeths Tochter Valerie] in Wallsee. Die Kaiserin nannte selbst die Stücke, die sie zu haben wünschte. ‚Das gibt eine so hübsche Musik', lobte Ihre Majestät, ‚daß sich auch Franz und Valerie daran erfreuen werden.' [...] Wir spazierten dann sehr langsam den Quai du Mont Blanc entlang. Ihre Majestät erging sich mit Genuß im Sonnenschein, ergötzte sich an dem bunt wogenden Leben der Straßen, mich aber übermannte die Unruhe und ich machte sie aufmerksam, daß es Zeit wäre, ins Hotel zurückzukehren und sich zur Reise vorzubereiten"[182], die kurz darauf für die Kaiserin in den Tod mündete.

Die letzten Weihnachtsgeschenke besorgte die Kaiserin also für ihre Lieblingstochter Marie Valerie und deren Kinder.

Erschreckende Überraschung

Drei Monate nach dem Tod der Kaiserin ist „Heilig Abend". Elisabeths Tochter Valerie notiert am 24. Dezember 1898 in ihr Tagebuch: „Wehmütiges Fest. Erinnerung, daß es einer jener Tage, an denen uns Mama mit ihrer Liebe förmlich überschüttete. Als ich Papa eine der Vasen gab, die Mama noch selbst in München ausgesucht hatte, brach er in Tränen aus."[183] Ganz anders sah Elisabeths Geschenk an ihre Töchter Valerie und Gisela sowie an ihre Enkeltochter Erzsi aus, wie bei der Eröffnung des Testaments offenkundig wurde. Sie hinterließ, wie ihre Tochter Valerie ins Tagebuch notierte, „ein erschre-

[182] Sztáray – Erinnerungen, S. 225

[183] Valerie-Tagebuch, S. 318

„Erste Weihnacht 1898 nach Elisabeths Tod"
Zeichnung von Karl Kobierski (1846 – 1907): Seine Majestät Kaiser Franz Joseph im Familienkreise am ersten Weihnachtsabend (1898) weil. Ihrer Majestät: Die verstorbene Kaiserin ist als Engel oben rechts dargestellt.

ckend großes Vermögen", nämlich zehn Millionen Gulden, was etwa 145,8 Millionen Euro[184] entspricht. Valerie und Gisela erhielten je vier Millionen Gulden und Erzsi zwei Millionen, wobei die vererbten Immobilien noch nicht mitgerechnet sind.

Über den Weihnachtsfesten und den Gedenktagen der Jahre nach dem Tod der Kaiserin lag stets eine bedrückte Stimmung, wie Elisabeths Nichte, Marie Louise Wallersee-Larisch, in ihren Erinnerungen

[184] Historischer Währungsumrechner – https://www.eurologisch.at/docroot/waehrungsrechner/#/
1 Gulden österreichischer Währung im Jahr 1854 entspricht in etwa der heutigen Kaufkraft (2020) von 13,02 Euro,
1 Gulden österreichischer Währung im Jahr 1874 entspricht in etwa der heutigen Kaufkraft (2020) von 11,77 Euro und 1 Gulden österreichischer Währung im Jahr 1898 entspricht in etwa der heutigen Kaufkraft von 14,58 Euro

schreibt: „Am Weihnachtsabend, dem Geburtstage der Kaiserin, am 10. September, ihrem Todestag und an jenem schicksalsschweren 30. Januar, an dem Rudolf sein blutiges Geschick erfüllte, kommt Franz Joseph, bei seinen Toten zu beten. Sieht er dann wohl die Kaiserin vor ihm auferstehen, zart wie Morgennebel? Und wenn ein zarter Lufthauch durch die Gruft streicht, bringt er dem Kaiser wohl einen Geistergruß von Rudolf und dem jungen Weibe [Rudolfs Geliebte Mary Vetsera], das mit ihm starb an jenem Wintermorgen, an dem sie ihren eigenen Weg zur Freiheit suchten und fanden?“[184] Die Weihnachtstage seit Elisabeths Tod waren für ihre Angehörigen von Wehmut überschattet.

Sisis Geschenk an politisch Verfolgte

In den Jahren 1885 bis Oktober 1888 verfasste Kaiserin Elisabeth, deren großes poetisches Vorbild der Dichter Heinrich Heine war, wie erwähnt, mehr als 300 zum Teil recht kritische Gedichte, in denen sie ihre persönlichsten Gedanken und oft auch provozierenden Ansichten über die Monarchie ausdrückte. Die Veröffentlichung zu Lebzeiten untersagte sie deshalb. Erst 60 Jahre nach 1890, also 1950, sollten sie nach ihrer testamentarischen Verfügung den „Zukunftsseelen“ zugänglich gemacht und veröffentlicht werden. Die Einnahmen aus dem Verkauf ihrer Gedichte, so ihr Wunsch, sollten „zum Besten politisch Verurteilter und deren hilfsbedürftigen Angehörigen“ verwendet werden. „Denn in 60 Jahren so wenig wie heute werden Glück und Friede, das heißt Freiheit auf unserem kleinen Sterne heimisch sein. Vielleicht auf einem Anderen“[185], wie sie hellsichtig erkannte.

---

[184] Wallersee-Larisch, Marie Louise von: Meine Vergangenheit, S. 102 f. (Künftig: Wallersee –Vergangenheit)

[185] Poetisches Tagebuch, S. 18

Ihr dichterisches Vermächtnis, verschlossen in einer Kassette, wurde zunächst von ihrem Lieblingsbruder Karl Theodor aufbewahrt und gelangte später auf ihren Wunsch in die Schweiz, in dem ihr Freiheit und Demokratie beheimatet schienen. Doch nicht 1950, sondern erst 1980 wurden die Gedichte von der Schweizer Regierung an das UN-Flüchtlingshilfswerk UNHCR in Österreich weitergegeben und 1983 von der Historikerin Brigitte Hamann unter dem Titel „Das poetische Tagebuch der Kaiserin Elisabeth" herausgegeben. Das Buch enthält alle Gedichte Elisabeths mit den drei Teilen: „Nordseelieder", „Winterlieder" und „Drittes Buch". Vom Erlös des Tagebuch-Verkaufs profitieren seither gemäß ihrer Verfügung politisch Verfolgte, Flüchtlinge und Asylsuchende, für die Elisabeth 86 Jahre nach ihrem Tod zur Überraschung aller ihr Herz öffnete.

Kaiserin Elisabeth im September 1898 – letztes Porträt, Skizze von Alfons Schweiggert nach einer Fotografie

Es verwundert nicht, dass sie nach ihrem Tod nicht nur in Erinnerung an ihre Geburt am 24. Dezember als Weihnachtsengel dargestellt wurde, so etwa auf einer Postkarte mit dem Titel „Seine Majestät [Kaiser Franz Joseph] im Familienkreise am ersten Weihnachtsabend (1898)", den der Kaiser bei seiner Tochter Marie Valerie und deren zahlreichen Nachkommen verbringt. Oben rechts im Bild schwebt die verstorbene Kaiserin in Gestalt eines Weihnachtsengels zur Tür herein, in der rechten Hand einen Palmenzweig segnend über den Köpfen ihrer Angehörigen schwenkend.

Wie Elisabeth die Weihnachtsfreude verlor

Epilog

61-mal erlebte Kaiserin Elisabeth in ihrem Leben Weihnachten. Lässt man alle Weihnachtstage Revue passieren, kann man auch daran ihre Entwicklung von einem fröhlichen, lebhaften Mädchen zu einer Kaiserin nachvollziehen, die sich zunehmend unfrei fühlte, immer mehr zurückzog und vereinsamte.

Im Grunde war der 24. Dezember ein doppelter Feiertag für sie, da sie am Heiligen Abend 1837 zur Welt kam. Sie und ihre Geschwister freuten sich, dass an Weihnachten jedes Familienmitglied seine Geschenke unter einem eigenen Baum fand. Bis zu ihrem 15. Lebensjahr erlebte sie größtenteils noch fröhliche Weihnachten im Münchner Palais ihres Vaters Herzog Max in Bayern. Am Heiligen Abend konnte sie im Kreis ihrer Eltern und Geschwister zugleich auch ihren Geburtstag feiern.

Doch nach der Hochzeit mit Kaiser Franz Joseph im Frühjahr 1854 ließen die protokollarischen Zwänge am Wiener Kaiserhof, ihre Konflikte mit der Schwiegermutter sowie drei kurz aufeinanderfolgende Schwangerschaften und der Tod ihres ersten Kindes ihre Weihnachtsfreude nach und nach verblassen. Dazu kamen außereheliche Affären ihres Ehemanns und politische Schwierigkeiten.

1860 flüchtete die 23-Jährige auf die weitentfernte Insel Madeira und verbrachte Weihnachten und ihren Geburtstag dort erstmals ohne Mann und Schwiegermutter. Doch danach musste sie sich Weihnachten immer wieder in Wien aufhalten, was sie sehr belastete. Wesentlich lieber war es ihr, im Dezember anderswo zu sein – in Venedig, München, Ungarn, Griechenland, Meran oder Rom.

1865 erreichte sie mit einem Ultimatum an Franz Joseph endlich Unabhängigkeit in allen persönlichen Angelegenheiten. Drei Ereignisse in den Jahren 1866 bis 1868 ließen sie förmlich aufleben: ihre erfolgreiche Mitwirkung an der Entstehung der österreichischen-ungarischen Doppelmonarchie, ihre Krönung zur Königin des von ihr geliebten Ungarns und die Geburt ihrer Lieblingstochter Marie Valerie. Doch danach zog sich die 30-Jährige zurück, ließ sich nicht mehr fotografieren und befand sich mehr und mehr auf ausgedehnten Reisen. In den Jahren 1874 bis 1882 freute sie sich an den Weihnachtstagen in Wien

Kaiserin Elisabeth am Ende ihres Lebens – zeitgenössische Abbildung

vor allem darüber, dass sie jeweils im Frühjahr zu ihren heißgeliebten Jagdaufenthalten nach England und Irland entfliehen konnte und dort wegen ihrer phantastischen Reitkünste bewundert wurde. Doch schon 1882 gab sie den geliebten Reitsport plötzlich auf.

Von 1882 bis 1888 litt sie zunehmend unter nervlichen Beschwerden, Ischias und anderen gesundheitlichen Problemen. Wegen ihrer nachlassenden Schönheit verbarg sie ihr Gesicht hinter Fächern und Schirmen. Ihren 50. Geburtstag an Heiligabend 1887 mochte sie nicht feiern. Sie war verzweifelt, hoffnungslos und dachte sogar an Selbstmord. Die Heiligen Abende wurden immer ungemütlicher und waren ohne wahre Weihnachtsfreude.

Nur das Weihnachtsfest 1888 war noch einmal harmonisch. Doch einen Monat später, Ende Januar 1889, nahm sich ihr Sohn Rudolf das Leben. Nach seinem Tod war Elisabeth eine gebrochene Frau. 1890 fühlte sie sich nach der Hochzeit Marie Valeries auch von ihrer Lieblingstochter verlassen. Künftig verbrachte sie den Heiligen Abend allein, ohne Christbaum und in schwarzer Kleidung und weigerte sich, diesen doppelten Festtag überhaupt zu feiern.

„Ich bin ein Sonntagskind, ein Kind der Sonne;
Die goldnen Strahlen wand sie mir zum Throne,
Mit ihrem Glanze flocht sie meine Krone,
In ihrem Lichte ist es, daß ich wohne,
Doch wenn sie mir je schwindet, muß ich sterben.“[187]

Diese hoffnungsvollen Zeilen erinnerten sie an ihre Geburt, die ihr eigentlich nur pures Glück verhieß. Doch mit den Jahren schwand die Sonne von Tag zu Tag mehr aus ihrem Leben. Die letzten acht Jahre irrte sie auf Reisen übers Meer von einem Ort zum andern.

[187] Poetisches Tagebuch, S. 312

Kaiserin Elisabeth um 1896 – zeitgenössische Abbildung

1898 wurde sie – vier Monate vor Weihnachten! – im Alter von 61 Jahren von einem Attentäter von ihrem rastlosen Leben erlöst.

***

Hundert Jahre nach Sisis Geburt, genau neun Tage vor Heiligabend 1937, startete trotz scharfer Kritik des Denkmalamtes in der Münchner Ludwigstraße 13 der Abriss des Herzog-Max-Palais, in dem sie am Heiligen Abend 1837 zur Welt gekommen war. Hitler hatte dazu den Befehl erteilt, um an dieser Stelle einen Monumentalbau für die NS-Reichsbank zu errichten und Platz für Massenaufmärsche zu schaffen. Zum Glück konnten aus dem Palais vorher noch Kaulbachs Fresken und Schwanthalers Bacchus-Fries abgenommen und aufbewahrt und das wertvolle Parkett zum Teil ausgebaut werden. 1941 wurden die Bauarbeiten an der unvollendeten NS-Reichsbank wegen des Krieges an Mangel an Material, Geld und Arbeitskräften eingestellt. Nach Kriegsende wurde die NS-Ruine so gut es ging in ein Haus verwandelt, das 1947 Sitz der neu geschaffenen Landeszentralbank wurde und in dem heute die Münchner Filiale der Deutschen Bundesbank residiert. In dem Gebäude wurden die noch erhaltenen Teile des Bacchus-Frieses sowie Parkett aus dem einstigen Palais eingebaut. An der Fassade erinnert eine graue, unansehnliche Plakette mit einem wenig ansprechenden Porträt der jungen Sisi daran, dass hier in München die spätere Kaiserin von Österreich am Heiligen Abend 1837 einst das Licht der Welt erblickt hatte, das in den folgenden sechs Jahrzehnten immer mehr verblasste.

Als Möwe wollte Kaiserin Elisabeth einmal weiterleben.
Archiv Alfons Schweiggert

Literatur

Almstein, August von: Ein flüchtiger Zug nach dem Orient. Reise der allerdurchlauchtigsten Frau Gräfin von Hohenembs im Herbst des Jahres 1885 an Bord der kaiserlichen Yacht »Miramar«. Mit 43 Original-Illustrationen und einer Karte in Farbendruck, Wien 1887

Amtmann, Karin: Elisabeth von Österreich. Die politischen Geschäfte der Kaiserin, Regensburg 1998

Baumann, Daniel: Der Sissi-Almanach, Frankfurt a. Main 1998

Barta, Ilsebill/Langer, Markus/Ott-Wodni, Marlene: Das kaiserliche Jagdhaus Mürzsteg – Geschichte, Ausstattung und Politik, Wien 2018

Böhm, Christiane: Wie lebten Prinzen und Prinzessinnen in Wirklichkeit? oder Erbsen ohne Ende! Kinderalltag im bayerischen Königshaus, München 2010

Böhm, Gottfried von: Ludwig II. König von Bayern. Sein Leben und seine Zeit, Berlin 1924

Burgh, Alborough, de: Elisabeth. Blätter der Erinnerung. Nachdruck der Ausgabe von 1901, Innsbruck o. J.

Christomanos, Constantin: Tagebuchblätter [1899], Wien 2007

Corti, Egon Caesar Conte/Sokol, Hans Hugo: Kaiser Franz Joseph, Graz 1972

Corti, Egon Caesar Conte: Elisabeth. Die seltsame Frau, 9. Aufl. Salzburg 1935

Ders.: Elisabeth von Österreich. Tragik einer Unpolitischen, München 1996

Falkenau, Doris: Auf Sisis Spuren in Madeira. Eine Reiselektüre, Wien 1996

Festetics, Marie: Tagebücher 1871–1884, Handschriftensammlung der Ungarischen Nationalbibliothek, Budapest

Graf, Bernhard: Sisis Geschwister, München 2017

Hamann, Brigitte: Kaiserin Elisabeth: Das poetische Tagebuch, Wien 1984

Hamann, Brigitte: Elisabeth. Kaiserin wider Willen, Wien – München 2005

Hamann, Brigitte: Meine liebe gute Freundin! Die Briefe Kaiser Franz Josephs an Katharina Schratt, Wien 1992

Dies.: Rudolf. Kronprinz und Rebell, Wien –München 1978

Haslip, Joan: Elisabeth von Österreich, Köln 2001

Heine, Heinrich: Werke und Briefe in zehn Bänden. Band 2, Berlin – Weimar ^{2}1972

Heyden-Rynsch, Verena von der (Hrsg.): Elisabeth von Österreich. Tagebuchblätter von Constantin Christomanos, München 1983

Heydenreuter, Reinhard: Spuren der Wehmut. Kaiserin Elisabeths Reisen durch das alte Europa, Regensburg 1998

Holland, Hyazinth: Lebenserinnerungen eines 90jährigen Altmünchners, hrsg. von A. Dreyer, München 1921

Holmsten, Georg: Elisabeth von Österreich, München 1952

Kurz-Lunkenbein, Marilis: Die Sisi-Straße. Lebensweg der Kaiserin Elisabeth, Berlin 2013

Markus, Georg: Katharina Schratt. Die zweite Frau des Kaisers, Wien – München, 1982

Nolston, L. K.: Ein Andenken an die Kaiserin und Königin Elisabeth, Wien 1899 (Nachdruck 2017)

Prasch-Bichler, Gerlinde: Unsere liebe Sisi. Die Wahrheit über Erzherzogin Sophie und Kaiserin Elisabeth. Aus bisher unveröffentlichten Briefen, Wien 2008

Ripka, Franz: Gödöllő, gekürzte Fassung der Ausgabe Wien 1898

Rödhammer, Hans: Elisabeth, Kaiserin von Österreich und Königin von Ungarn, 1837–1898, Katalog zur Ausstellung des Kulturvereins Schloß Ebelsberg vom 21. Mai bis 30. Oktober 1983 im Schloß Ebelsberg, Schlossweg 7, Linz, Elbelsberg-Linz, 1983

Schad, Martha / Schad, Horst (Hrsg.): Marie Valerie. Das Tagebuch der Lieblingstochter von Kaiserin Elisabeth von Österreich, München 2007

Schad, Martha: Elisabeth von Österreich, München 1998

Dies.: Kaiserin Elisabeth und ihre Töchter, München 1997

Schweiggert, Alfons: Herzog Max in Bayern. Sisis wilder Vater, München 2016

Ders.: Weihnachten mit König Ludwig II., Husum 2013

Ders.: Ludwig II. und die Frauen, München 2016

Ders.: Ludwig II. und sein Paradies am Starnberger See. Schloss Berg – Possenhofen – Roseninsel, München 2017

Ders.: Sisis Wohnwelten – Traumschlösser, Seelenorte und Fluchtburgen der Kaiserin Elisabeth von Österreich, München 2018

Ders.: Märchen der Kaiserin Elisabeth, München 2019

Ders.: Elisabeth und ihr Gott, München 2021

Sepp, Christian: Ludovika. Sisis Mutter und ihr Jahrhundert, München 2019

Sztáray, Irma Gräfin: Aus den letzten Jahren der Kaiserin Elisabeth. Mit einem Vorwort von Brigitte Hamann, Wien 1909 (Nachdruck 2004)

Thiele, Johannes: Elisabeth. Das Buch ihres Lebens, München 1996

Tschudi, Klara: Elisabeth, Kaiserin von Österreich und Königin von Ungarn, Leipzig o. J. (um 1901)

Unterreiner, Kathrin: Habsburgs verschollene Schätze. Das geheime Vermögen des Kaiserhauses, Wien 2020

Vocelka, Michaela und Karl: Sisi. Leben und Legende einer Kaiserin, München 2014

Wallersee-Larisch, Marie Louise von: Meine Vergangenheit, Leipzig 1935

Dies.: Kaiserin Elisabeth und ich, Leipzig 1935

Dies.: Die Heldin von Gaëta. Tragödie einer Königin, Leipzig 1936

Walterskirchen, Gudula / Meyer, Beatrix: Das Tagebuch der Gräfin Marie Festetics. Kaiserin Elisabeths intimste Freundin, St. Pölten-Salzburg-Wien 2014

Welcome, John: Die Kaiserin hinter der Meute. Elisabeth von Österreich und Bay Middleton, Wien –B erlin 1975

Winkelhofer, Martina: Sisis Weg. Vom Mädchen zur Frau – Kaiserin Elisabeths erste Jahre am Wiener Hof, München 2021

Bildnachweis
Die Künstler Eduard Kado (1875–1946), Fidus (eigentlich: Hugo Reinhold Karl Johann Höppener) (1868–1948) und Emma Marie Elias (gest. um 1940) illustrierten unter dem Namen „Elias * Fidus * Kado“ das 1901 erschienene Buch „Märchen einer Königin“, das die rumänischen Königin Elisabeth (1843–1916) unter dem Pseudonym „Carmen Sylva“ veröffentlichte. Carmen Sylva war eine enge Freundin Kaiserin Elisabeths, die mit ihr u.a. auch Gespräche über Literatur und Dichtkunst führte. Den Kapiteln in vorliegendem Buch „Weihnachten mit Kaiserin Elisabeth“ sind Vignetten von „Elias * Fidus * Kado“ vorangestellt, die Carmen Sylvas Buch „Märchen einer Königin“ entnommen sind.